從女人，成為媽媽

孕前到產後的心理照顧課

臨床心理師
曾心怡——著

CONTENTS 目錄

第6章

寶寶，歡迎來到這個世界！

——給媽媽元年的妳

第7章
是伴侶也是隊友
——有了孩子的我們該怎麼相處？

FOREWORD

推薦序

精神科醫師、作家　郭彥麟

女人或許會成為母親，但母親依舊是一個女人。

妳是母親，但妳依然是妳；不同，但相同的妳。來來回回，反反覆覆，踩上高跟鞋，又穿回平底鞋，成熟綻放，也悄悄枯萎，蒙上衰老的陰影，同時也憶起童年的陰霾。妳不確定，妳是多了勇敢，還是洩漏了脆弱。前進了，卻彷彿停滯，妳孕育了、擁有了許多，但同時，卻也割捨了，失去了許多。

可以確定的是，生命與歲月的磨礪，帶來了傷疤。

心碎是傷疤，曲終人散的婚宴是傷疤，破水是傷疤，傷痕累累的乳頭是傷疤，皺紋是傷疤，排水孔的落髮是傷疤，沒有自己的房間是傷疤，晚歸或無語的男人也是傷疤。

這些是必然，只是我們不確定，傷疤意謂的，是失去的切口，還是獲取的縫合？是缺陷，還是新生？或許，它們就只是必然的改變，無關乎多與少、得與失，只是，那痛，是清楚且深刻的，存在於傷與疤之間，存在於女人變成母親，措手不及的一波波陣痛之間。

於是，我們需要傾聽，我們需要陪伴，我們需要治療。不僅僅是一本媽媽手冊，一場下午茶約會，一劑止痛，或一顆安眠藥。

真正的治療，是陪著妳檢視傷口，訴説疼痛，撫摸疤痕，確認自己的感受與存在。真正的治療，需要真正的心理治療師，這就是為何，心怡能在這些女人與母親身上，真正看見傷疤，指認傷疤，並陪伴個案，接納這些傷疤的原因了。

因為有足夠的專業，足夠的臨床經驗，還有足夠的敏鋭，讓她從自己身為女人、母親與臨床心理師的多重角色中，不斷反思，尋求界線與平衡，最終看見了女人這生命角色，在漫長而艱辛的旅途中，一道道風雨過後的彩虹。

不是泡沫般的療癒，不是空泛的愛自己宣言，更不是童話故事般的自戀分享，在許多細微處，可以看見心怡毫不懈怠的謹慎與專業。她總不忘在同理與支持背後，提醒妳，要如何看見傷疤的核心，如何信任自己，且協助自己，治療，並理解這個傷疤。

最後，擁有力量，去承載這個傷疤，並靠自己的成長與領悟去選擇，如何與這個傷疤，一同前進。

因此，我在一段段的旅程中，能看見心怡如何發揮她的智慧與專業，耐心地陪伴個案前進。她不會自大地要求妳該選擇哪一條路，也不會過度侵犯地攙扶著妳，她不給妳糖果，也不給妳麻藥，更不會給妳信仰，她只給妳信任，與專業的引導，陪妳閱讀妳自己的生命地圖，回溯童年的足跡，探查眼前的困境，想像未來的可能，然後再將地圖交還給妳，只是陪著妳，跌倒的時候扶妳一把，疲倦的時候不放棄等待，而迷路的時候，也只是陪妳，再把地圖拿出來，好好地找路。

她永遠不會忘記，這趟旅程是誰的，而她也永遠信任，地圖裡，有妳能找到的路。

臨床心理師與心理治療的專業，困難就在這些陪伴與引導的細節，而心怡最珍貴的，就是她在書寫時，也從未因對文字與讀者的追求，而迷失自己。

我不知道妳在這本書裡將看見什麼？但我很確信，我看見了一個能陪妳從女人翻越到母親那頭，且一步步地從自己的足跡裡找到自己的，專業臨床心理師。

心怡，臨床心理師，母親，一位永遠想更理解並接納自己的女人。

PREFACE

自序

這本書最後收尾的時候，小孩跑過來，問我書名是什麼?我說，我想寫一本從女人到當媽媽的故事。哥哥聽到之後說：「那你要把帶我長大的每個月寫進去。」我笑了，問他：「我就是要寫這個欸，你怎麼知道?」弟弟接話說：「媽媽妳寫書寫累時，聞我的兔兔補充體力。」這個梗是因為有一天我寫到很累在發呆，弟弟跑過來問我怎麼了，我說頭腦空空的不知道要寫什麼，借我你的兔兔，讓媽媽聞一下補充體力。

這樣的畫面是我在單身時完全無法想像的，包含這些場景，以及這些場景中的我。一幕幕中有著每個無眠夜哄著孩子入睡的我、受傷流血了還是咬牙擠母奶的我、上幼兒園第一天和孩子一起哭的我、和孩子一起玩恐龍搭計程車遊戲的我。當然，還有那些疲累到感覺空洞的我、想念著和朋友狂歡大笑的我，於是成就了想為女人與母親做一些事的我。

在台大醫院工作的最後幾年，院方成立了婦女心理諮商的門診，那像是一個開始，不只是個心理師，更是個以母親的身分重新和每位來諮商女性的人生交會，我共感了更多原生家庭失落的悲傷、在母職壓力下的困惑、在伴侶關係中的孤單，以及在空巢期的失焦茫然。我記得離開醫院前最後一場臨床報告的題目是「那些女性教我的事」。到現在，我還是持續在發掘從女人心裡開出的花、收集種子，和她們一起找尋新的土壤，期待用一抹新綠映照著她們的內在。

從女人走到母親，僅僅用不同的生命經驗形容這個過程我覺得太簡單，這過程更像是放了一個新的靈魂進入身體，和舊有的靈魂交織對話著，慢慢融合成一個時而母親、時而自己的個體。其中有妳自己都不敢相信的能量，火力全開的前額葉功能；當然還有一些妳自己不喜愛甚至也不願意看的灰暗，也許是想逃離母職的聲音、覺得永遠都不夠好的自貶，還有一些妳覺得沒有被好好愛著的寂寞。

那都是妳心裡的聲音，有的震耳欲聾，有的妳希望開靜音，可以的話也許妳想找個地方把這些聲音埋起來。而且，這非常有可能是妳在單身或產前，完全沒有想到的狀態。所以妳的不知所措，都極其合理。

這本書，看似工具書，也像是心情日記本，那都是我想陪妳一起聽著妳內在聲音的路徑。我常和個案比喻，進行心理諮商／治療的過程，像是把原來我們只能一個人看見的、沒被整理過的資料，放到與心理師共用的雲端硬碟，一起整理、分類和去蕪存菁，甚至我們也可以一同改寫一些資料。現在我希望這本書可以是我和妳的雲端硬碟，看著、讀著，就彷彿被聆聽著、理解著。

書中有些諮商場景、有些個人故事，那都不是單一個案的經驗，而是我腦中所有的人生百態經過過濾後，想留給妳共同思考的生命足跡，真實而非指涉，但妳應該會有共鳴。

也許妳已經度過了懷孕階段，沒關係，妳可以從育兒部分開始閱讀；也許妳還不確定妳是否要成為母親，而妳也不見得要成為母親，妳仍然可以把這本書當成一種參考，陪著妳做選擇。

最後，我想送一句話給翻開這本書的妳：無論妳來自哪裡、要前往何處，我希望妳無所畏懼地喜歡自己的選擇，不論哭或笑。

CHAPTER 1

妳和妳自己

我是誰，這不取決於發生在我身上的事，而是取決於我選擇成為誰。

——卡爾．榮格（Carl G. Jung）

諮商工作中，我會遇到許許多多因為「關係」而來的人們，可能是和伴侶的相處、和家人的困擾、和同事的相處等等。大家因為關係而困惑，不知何去何從，然後最終我會帶著個案聚焦到一個方向，那就是談「自己」。

我是怎樣的人？對自己有什麼樣的評價？怎麼解讀別人對待我的方式？在情緒之下，我的反應會是怎麼樣？這許許多多對於自己的探問，都有助於理解我是誰。然後進而明白，這樣的我遇到那樣的對方，會產生什麼樣的互動與激盪。

理解自己是一條漫長的路，甚至可能長達一輩子，但這並非絕對辛苦，而可以是一種對自己一直保持好奇的心態。透過覺察自己的性格特質、需求以及與人相處的方式，能讓我們減少很多人生的徬徨，特別是在各種抉擇的過程時——**我知道自己是誰，我才知道接下來的路上要替自己怎麼安排，我才知道我和誰在一起會快樂**。

因此，在這本獻給大女孩／女人的書，我們就從撥開徬徨、認識妳自己作為開始。

一定要結婚嗎？

心理諮商診間

逸青剛屆而立之年，開始接到許多同學與同事的喜訊。逸青有位交往多年的男友，兩人從學生時代交往到現在，相處起來已經有一定的默契。每當參加婚禮時，總會有人笑著對他們說：「下一對就是你們了喔！」聽在逸青的耳裡，她分不出這是祝福還是壓力。男友看似有步入婚姻的打算，然而，兩個人之間似乎有種無形的默契，小心翼翼地不敢輕易觸碰結婚這個話題。

我對逸青說：「妳好像對於婚姻有很多困惑是嗎？」

「我目前沒有看到我周圍朋友的婚姻，有讓一個女人過得更好，那為什麼大家還是前撲後繼地進入婚姻，還要推別人入坑呢？當然，我不敢把這些話和男友說，他是一個很好的人，我怕他會感覺到被我否定。」逸青說。

「讓妳看到最多的，我猜應該就是妳爸媽的婚姻了？」我這樣問她。

「是啊，我也不懂他們明明就在婚姻裡受苦，還催我結婚做什麼？不過我覺得我的男友很無辜，我明明知道我們相處還不錯，但我就是會害怕。」

「別因為妳的害怕自責，我也感受到妳試圖想要去區分是你們的親密關係，還是妳個人經驗對妳所造成的影響。每個人來到這世界上都有我們不能夠控制的功課，是這些功課影響了妳，而我們要試著去減少這些功課對我們的困擾，以及對親密關係的影響。」

婚姻和生子一樣，都是我們可以選擇的。傳統觀念認為婚姻可以對女性提供保障，年老之後能夠有另外一半互相扶持，或是能得到子女的照顧。但是現代女性照顧自己的生活能力已經毋庸置疑，預備老後生活的必須條件，例如住處與存款，也都可以靠著自己完成，傳統的保障觀念已不足以作為要進入婚姻的理由。因此重要的反而是我們心理的需要：**婚姻是否為我們的人生藍圖之一？婚姻是否能夠滿足我們內心被陪伴的需要，**

以及符合我們對於家的想法？

在家族治療理論中，有一個重要的觀點——冰山理論，來自於薩提爾女士（Virginia Satir）。冰山理論在說明：我們的外在行為表現，是來自於我們的內在，而內在又有不同的層次。當我們單看表面行為時，有可能只解讀到對方的表面行為，也可能因為對方的行為對我們造成負面感受，而產生衝突。然而行為本身，是根基於我們的內在，就算同樣的行為，不同的人所表現出來的原因還是會不一樣。例如在生氣時沉默不語，妳的原因可能是想要沉澱，他的原因可能是想要迴避衝突，光從表面行為解讀並不能夠回到一個人真正的想法，因此我們需要去理解自己以及重要他人的內在。

所有的語言與行為下方都有內在的運作，也就是理論中所說的冰山下方。最靠近冰山表面的是感受，下面一層是每個人看事情的觀點，同一件事，觀點往往因人而異。更深層的部分則包含個人的期待、需求以及自我本質。我們可以藉由冰山理論的層次來探索自己。

冰山理論

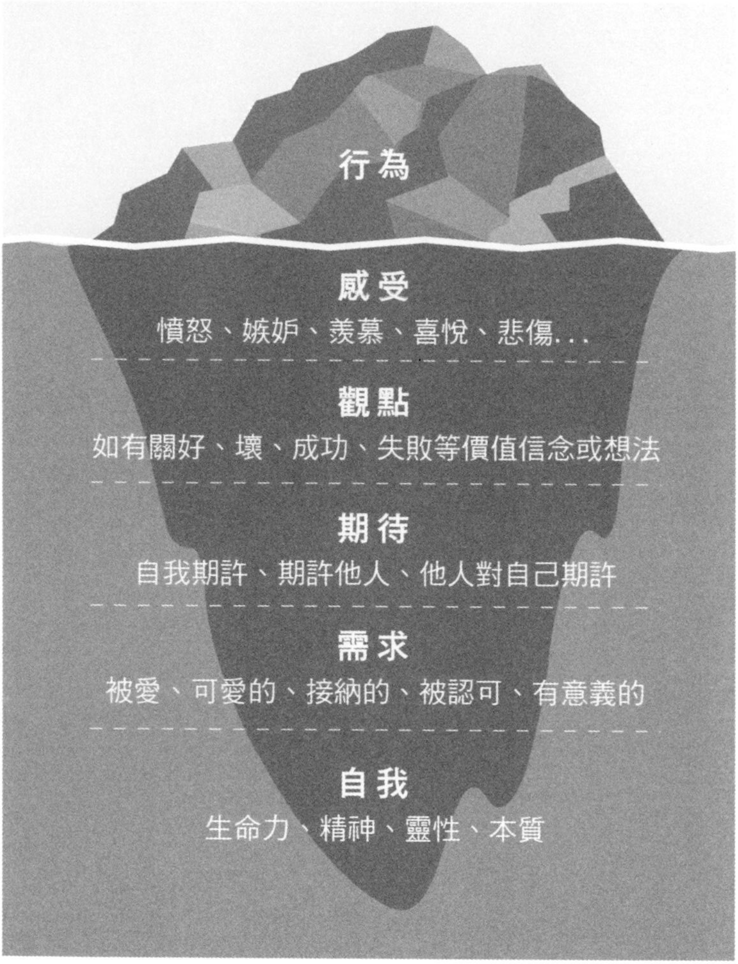

行為
感受
憤怒、嫉妒、羨慕、喜悅、悲傷...
觀點
如有關好、壞、成功、失敗等價值信念或想法
期待
自我期許、期許他人、他人對自己期許
需求
被愛、可愛的、接納的、被認可、有意義的
自我
生命力、精神、靈性、本質

在思考要不要結婚的問題時，可以問問自己下面這些問題：

1. 在伴侶關係中，自己最渴望的什麼？什麼因素形成了這個渴望，或什麼因素和這個渴望有關？
2. 心裡覺得最擔憂的是什麼？而這個擔憂來自於哪裡？
3. 可以怎麼解決妳的擔憂？

如果妳也對於要不要結婚感到疑惑，可以試著寫下這些問題的答案。這些問題可幫助我們釐清自己，才能在做決定的過程清楚明白自己在做什麼。當然，人生是動態的，想法或態度會隨著所有發生在我們周圍的大小事而有「滾動式的調整」，妳現在的答案未必和未來是一樣的，用開放式的心態去看待自己，對於「正確答案」就比較不會強求。而當我們真心接受這世間的一切都沒有標準答案後，抉擇的難度也就相對下降了。

心理諮商診間

針對結婚的三方面思考，逸青的答案是這樣的：

1\. 最渴望的是：兩個人能夠互相陪伴。
為什麼：希望不論苦樂都可以有人陪在身旁，是一種安全感。

2\. 最擔憂的是：在婚姻中失去自我。
為什麼：看到母親在婚姻中的壓抑，不想和她一樣。

3\. 這個擔憂可以怎麼解決？
- 觀察男友爸媽的互動方式，也聽聽看他的想法。
- 設想婚姻中的各種情境，和男友討論。
- 練習表達自己的想法。

逸青經過這樣的思辨之後，整理了思緒，也知道了自己可以行動的方向，而不是苦無施力點，因此能覺得自己比較有力量。在練習表達以及和男友討論的過程中，懂得區分「自己的擔憂」和「實際的現狀」，就能讓自己感覺沒那麼受困了。

想對孤單免疫

通訊軟體一打開，妳會看到一堆帳號在妳眼前，妳有一串貼文可以看朋友的大小事。然而現代人，真的會因為這麼方便與人接近，就比較不孤單嗎？我相信妳會說不是的。如果妳在前一段中的自我探問中，發現妳最擔憂害怕的就是孤單，那也是可以想像的。

面對孤單，最常見的因應方式就是找人陪伴，然而當曲終人散時，我們又必須重新把孤單感受拾回。孤單的原因有外在因素，也有源自於個人的內在經驗。麻省理工學院教授特克（Sherry Turkle）的著作《在一起孤獨》，詳細描述了現代科技拉近了人們的表面距離，但網路世界的背後有多重自我、隱匿的自我，在通訊的即時下，讓我們越來越難忍受空白與獨處。在碰觸不到真實彼此的時刻，就沒有真實的陪伴，我們會出現雖然人在一起，但心很遠的感受，這是一種來自外在世界的孤單。

一個人的孤單，進入關係中也不一定能夠感到安全。我們渴望被陪伴、期待穩定的關注、需要承諾與保證，來療癒自己內在深層的不安全感與孤寂感。一旦我們把焦點過度放在對於關係的期待上，就會不由自主地把注意力放在對方的態度、心意，以及擔心是不是自己不夠好、不足以撐起這段親密關係。而當我們的思緒總是放在思考著對方，或是檢討著自己時，我們就有可能忽略了對於自己的思考，包含感受到不安全時的反應模式究竟從何而來，以及為何我們總是先檢討自己是不是沒有留住對方的條件。

回到我們的內在，試著詢問自己，心裡很深的孤單與不安全感，最早出現在人生的什麼時刻？可能是在空無一人的家中等待大人回來，或是在班上被排擠卻無人伸出援手的那些時刻。當過去的經驗讓我們感受過強烈的孤獨與無助時，我們長大後對於孤單的感受也就越敏感，越不知道該怎麼辦。

嬰幼兒期的我們，需要透過跟照顧者的連結與回應，作為我們探索這個世界的安全基地。當我們在表達需求時，如果照顧者可以給我們適當的回應，並且滿足我們的需求時，我們因而建立了信任感的基礎，建立起「這個世界是會回應我的需要」的信念基礎。因此幼年與照顧者的依附型態，會影響我們之後與重要他人的關係。

依附理論又稱為依戀理論，是由心理學家鮑比（John bowlby）經過許多研究而形成的理論。他觀察到生病住院的孩童，在沒有照顧者的陪伴之下，不同的孩子在分離與重聚過程的情緒反應各有不同，進而思考這些不同的反應是怎麼形成的。而後心理學家安士渥斯（Mary Ainsworth）設計了陌生情境（strange situation）測驗，來觀察嬰兒對媽媽的依附方式，藉由觀察嬰兒在媽媽離開、獨自一人、陌生人出現與媽媽返回時等各情境的反應，將依附類型分四類：安全依附、不安全焦慮依附、不安全逃避依附，以及不安全混亂依附。

安全依附的寶寶在和媽媽共處一室時，媽媽會是一個安全的基礎，稱之為安全堡壘，透過確認媽媽還在的方式讓自己得以安心探索周邊的環境，在探索的過程中會和媽媽維持適當的近距離，我們會看到寶寶一邊前進，一邊回頭確認媽媽是否還在。而在陌生情境測驗中，安全依附的寶寶和媽媽分離時，仍會有哭泣、不安等反應，但當媽媽回到房間後，媽媽的安撫可以讓寶寶的情緒平復下來。

不安全焦慮依附的寶寶在和媽媽分離時，情緒反應較激烈，在媽媽回來後也較難安撫。**不安全逃避依附**的寶寶在和媽媽分離或重聚時，情緒的反應都不明顯。然而後續有研究卻發現，不安全逃避依附的寶寶，即使沒有明顯的情緒反應，但體內的壓力荷爾蒙指數是升高的，因此寶寶內在仍會感受到與媽媽分開的不安。而最後一類**不安全混亂依附**的寶寶，在和照顧者分離與重聚的過程，時而反應激烈，時而迴避安慰，無法明顯歸類為前述三類。

我們看到這裡可能會想，是哪些原因造成依附型態的不同呢？各種研究整理出來，不外乎三個部分：

1. **嬰兒的天生氣質**：包含孩子的情緒本質、堅持度、情緒強度等。而孩子的氣質也會影響到照顧者的回應方式，進而影響親子之間的互動品質。
2. **大環境因素**：包含居住與經濟條件形成的生活壓力，會影響親職投入的時間與品質；外在壓力亦會間接影響孩子的心理狀態，例如戰爭、金融海嘯，都會因為生理上與安全上的考驗，而影響孩子的內在狀態。
3. **照顧者的狀態**：這是最常被討論的，包含主要照顧者本身的情緒與精神狀態、對於孩子情緒理解與回應的能力、爸爸媽媽之間關係的融洽與否，都會影響到照顧者如何和孩子建立心理連結。

精神分析大師溫尼考特（Donald Winnicott）在〈獨處的能力〉（The Capacity To Be Alone）文章中提及，一個人能夠獨處，實質來自於早期我們曾在照顧者的陪伴下獨處的經驗；如果結合客體關係（object relation）理論，一個人能夠成熟與獨處，來自於在良性的環境之下與照顧者建立起信任感，而當一個人的本能需求能不斷地被滿足，這個歷程就是在建立信任感。

日本近年來出現一個流行語，叫作「父母扭蛋」（親ガチャ），意思是：我們出生在什麼樣的家庭是自己無法選擇的，就像扭蛋一樣。這樣的詞可以用在出生家庭的經濟條件上，也可以用在我們父母的心理狀態上，也就是父母都有他們自己的議題，也被他們自己的早期經驗影響到和孩子互動的狀態與品質。

每個長大的我們，都受照顧者狀態與教養方式影響著，形塑成現在的自己。如果，妳發現妳對於孤單的恐懼源自於早期經驗時，首先，請妳先肯定自己，肯定自己的勇於覺察，要去觸碰過去的負面經驗並不容易，而我們先做到了改變的第一步，就是覺察。

美國媒體名人歐普拉（Oprah Winfrey）和醫生培理（Bruce D. Perry）在《你發生過什麼事》一書中闡述到，如果我們都能去理解過去發生過什麼事，而這些事怎麼影響到我們時，我們就有機會用「事情怎麼影響到我們」的角度去看自己，而不會只被「我怎麼會這樣」的想法給困住。不論是對於孤單的難以忍受、對於情緒衝突的害怕，甚至是對於自我價值的疑惑，給我們自己思辨的機會，讓自己知道早期經驗是怎麼影響我們的，就有機會知道「不是我的錯」，而讓自己脫困，走向我們希望成為的樣子。

說不完的原生家庭故事

心理諮商診間

逸青再度前來諮商，說她在試著表達自己的過程中，浮起許多幼年經驗：「還小的時候，看到父母親吵架是會很害怕的，不知道是不是很早就懂了離婚的意思，總覺得有一天他們會分開。有幾次媽媽和爸爸吵完架回娘家，改為爸爸要來學校接我，然後我就會變成是最晚被接走的。有時坐在學校的階梯上等，看著來來往往的車輛哪一個是爸爸，也會幻想著會不會媽媽突然出現給我一個驚喜。」逸青落淚了，我明白那是幼年的她沒有哭出來的感受。

「有時嘴壞的同學經過說妳爸爸媽媽不見了，我還要幫我爸做面子說：他工作很忙你們不懂！」

「聽起來，妳從那麼小就學會不要表現出脆弱了。」

逸青聽了愣了一下說：「難怪，我現在想要脆弱都不會了。」

「過去的經驗讓妳缺乏表達情緒的機會，甚至讓妳覺得負面情緒是不好的、是沒有用的。然而長大後的妳，對於內心深處的一些感受，還是很渴望被理解。」我這樣告訴逸青。

早期經驗與依附型態，會成為影響我們情緒表達的因素之一。笑與哭，都是我們本能表達感受的方式。然而我們可以回想一下，從小到大，在表達情緒的時候曾經受過什麼樣的評價？也許身為女孩的妳，在放聲大笑時被建議要優雅一點；也許妳在受傷哭泣時，被說羞羞臉哭哭很難看。當時的妳不見得會對這些評價有什麼感覺，然而一旦被建議與評價的頻率很高，甚至是強度很強時，就很有可能內化成妳看待情緒的方式之一：覺得哭泣是丟臉的、情緒表達太明顯是不得體的，於是對於情緒的壓抑、忽略和排斥，變成一種習慣。

情緒是大腦的產物，因為有了情緒，我們得以對危險感覺到畏懼，可以因此做出反應，可能是戰鬥或逃跑，而得以遠離危險、生存下來。因為有了情緒，我們可以讓周邊的人得知自己的感受，適時地給予我們需要的幫助。

然而在人類社會中，也有太多因素阻止我們表達情緒，包含在職場上有太多情緒會影響工作、擔心太情緒化會影響觀感等。所以在我們逐漸長大成人的路上，我們的情緒表達會逐漸加入更多現實考量，會參照更多情境因素。然而我們不應該完全忽視情緒，或是認為情緒是無用的，因為**適當地表達情緒，才得以與人靠近，並且讓我們渴望被理解的需要得以實現**。

如果妳和逸青一樣，對於表達自己的脆弱與負向情緒感到陌生或害怕，請妳慢慢來，一邊安撫自己，一邊讓自己慢慢從親近的朋友開始練習表達。不是每一位朋友都適合讓妳練習表達，因為對方有可能也是對於情緒感到陌生的人。**當我們慢慢地練習表達，慢慢地感受情緒被接納的感覺，我們就有機會不用再心疼那個必須堅強的自己。**

我想喜歡自己

如果妳在網路搜尋關鍵字「愛自己」，搜尋結果可能讓妳目不暇給。我們在第六章會談到成為母親後自我關懷，而在這一章節裡，想先跟妳談談覺察那些讓妳不喜歡自己的理由。我們可以用一個簡單的檢查表來檢視一下自己的狀態：

在這些題目內，包含了因為缺乏自我價值而需要不斷被肯定，並且蔓延到關係維持的費力、面對情緒的困境、難以對自我寬容。如果妳在這八題內，有五題以上回答「是」，妳大概會對於愛自己感到困惑且有困難。

在人的一生中，如果我們曾經感受到被愛不是僅僅因為我們做了些什麼，不是因為我們符合他人的期待，那樣的被愛是一種有人陪著我關注我所感興趣的事，就算有負面情緒也是可以的，那麼我們就能覺得自己的存在是被期待與被愛的。因此，我們可以建立出真正的自我，而不僅僅是他人期待中的我。

然而看到這裡的妳，可能覺得這樣的經驗很難得吧？的確是，因為我們長大成人的

檢視妳的狀態

1. 我很在乎別人的看法。	□是　□否
2. 我很難釋懷自己犯的錯。	□是　□否
3. 我覺得在關係裡面多付出一點，別人才會在乎我。	□是　□否
4. 我常需要證明自己的價值。	□是　□否
5. 我很容易糾結在一些情緒裡出不來。	□是　□否
6. 我很羨慕那些看起來很有目標的人。	□是　□否
7. 我需要裝得很堅強，避免別人看出我的脆弱。	□是　□否
8. 我常覺得自己是很孤單的。	□是　□否

過程中，每一位照顧者都不完美，他們會有他們的需求或無能為力的地方，而無法常常具備足夠的心理能力，來照顧成長中我們的需要。因此，在成長的過程中，我們每一個人都會有遺憾。

如果這個遺憾沒有超過我們可以負荷的狀況，就不至於成為難解的創傷，在長大的過程中，我們可以透過和這個世界其他人事物的互動來修補。但倘若從小到大累積的遺憾實在太大了，包含無論我們怎麼做都無法感覺到被關愛，以及太多心理被傷害的事件，或是太早成為小大人來照顧其他家人，就有可能形成了成長的創傷。在自我的建立過程中，我們就內化了不被關愛、被傷害的感受，或是需要去「照顧其他人才行」的信念，成為現在的自己。

或許妳也會問，那我現在去修補自己還來得及嗎？其實**自我療癒是永遠不會太遲**的，因為我們隨時都跟著這個世界所發生的人事物在變化。既然我們一直在變，變化的過程也可能在療癒著自己。曾經有位媽媽告訴我，她過去對於家的感受很不真實，家人常常不在身邊，也無法在需要的時間給予幫助。然而在她成為母親之後，她真實感受到孩子和自己的連結，原來這就是家的感覺，她透過了成為母親的變化，得到了她從未想像過的歸屬感。因此我們可以先放下「不可能改變」的這個信念，觀察我們在各種人事物上的感受與觀點，也觀察自己得到了什麼新的啟發。

二〇二〇年新冠肺炎開始，一開始我們對病毒有許多的未知，不能想像要每天戴著口罩生活的日子。但在我寫著這本書的二〇二二年初，大多數人已經很習慣臉上有口罩的日子，甚至沒戴口罩還覺得沒有安全感。這個例子雖然和自我關懷無關，但卻是一個「回頭看發現我們已經改變了那麼多」的例子。

因此，**要喜歡自己的第一步，就是知道自己擁有各種可能。不把自己關閉起來，改變才可能發生**。曾經有位個案和我分享她進行了一段心理諮商後的感觸是：「談話的過程常常不確定能改變什麼，隔了一段時間發現自己心裡的結打開一些了，這個過程好像是物理治療或整脊，慢慢推、慢慢修護，雖然速度不快，但是一步一步蠻踏實的。」她的回饋反映出我們對於改變的觀點，當心裡的傷越痛苦時，我們格外會希望有特效藥，能趕快讓自己不痛。然而我們的心就和身體狀況一樣，慢性化或累積已久的患處，調養過程會更需要細心與耐心。因此，**要調整自己，請給予自己時間**，這是第二步，我們需要去建立的心態。

第三步比較抽象一些，但卻非常重要。要知道，負面情緒的存在都是有原因的。更進一步來說，就是**接受自己一定會有負面情緒，同時也讓自己知道，這世界上的所有人**

都會因為某些原因所苦，自己並不是唯一感到痛苦的人。不知道妳有沒有過一種經驗，就是在自己情緒極度低落時，會感覺自己很孤單，彷彿自己被情緒困住，與外在隔離，只有自己一個人在承受，而其他人並不理解，或是其他人是幸福無憂的。當我們從負面情緒延伸出只有自己在受苦的念頭，就更加重了情緒給我們的重量。因此我們需要知道，負面情緒並非自己獨有，每個人都有自己的課題，沒有誰比誰幸福。承認自己的辛苦不等同於自憐，這是情緒接納的本質。

第四步，是要**知曉自己的弱點並且磨亮優點**。從小到大的教育中，我們有一個根深蒂固的概念，就是要改進自己的缺點。這個概念並沒有錯，卻可能讓我們在努力改進自己的弱點時，削弱了自信，因此減少了前進的動力。如果想要越來越喜歡自己，就必須增加自我肯定的機會。從自己的優勢出發並且讓它得以發揮，讓生活中有更多得心應手來增加自我效能後，才能為接下來的其他行動增加動能。

舉例來說，假設一個人在社交情境中容易感覺到焦慮，因為曾有過在團體中出糗而被嘲笑的經驗。與其一直讓她在大型社交情境中磨練和改善自己的焦慮情況，更好的方式反而是讓她去尋找，在什麼樣的行動下可收集到對自己的滿意，例如幫助自己親近的朋友、完成一些個人的生活目標等，進而有機會累積更多成功經驗來喜歡自己的模樣。

然而妳可能會想問，這樣算是逃避面對自己的弱項嗎？我會說：我們本來就一定會有缺點，也沒有必要改變自己所有的弱項，因為追求完美的同時，只會讓我們離喜歡自己的狀態越來越遠。二來當我們有足夠自我肯定的基礎後，才有力量去面對自己的弱項。我們要做的事不是去除掉自己的缺點，而是讓弱項不會對生活產生太大的困擾。以前面的例子來說，我們要改善的是不讓社交焦慮影響工作、關係與生活太多，而不是要讓自己徹頭徹尾變成一個長袖善舞的人。因此改變的方向會是減少不必要的社交情境，在參與必要的社交情境前，幫自己建立好合宜的預期與信念等等。

最後一步，請留意並試圖思考一件事，就是**避免從片面的資訊理想化他人**。最明顯的例子常出現在社群媒體中，倘若妳看到別人Instagram上的照片就忍不住羨慕，或是看到別人在Facebook上的發言就覺得為何他們講話都頭頭是道，別忘了，那都只是對方的一部分，甚至只是選擇性的展現。

人們在社群媒體上傾向進行「印象管理」，也就是用一些策略來形塑出別人對自己的印象，進而透過他人對自己的印象來讓自己感到滿足。當我們在觀看別人呈現出的生活時，包含飲食、衣著、各種人脈連結等，很容易覺得「哇！他過得好好喔」，但請別忘了，那並非一個人的全貌，我們應避免被他人所形塑出的形象影響到自己。

小練習

當我們又陷入自我厭惡的低潮中時，可以來做個練習，請按照以下步驟進行：

1. 寫下所有妳想得到的不喜歡自己的理由，可以的話，慢慢地寫：

2. 寫完之後，請花三分鐘的時間停在當下。找一個安靜不被打擾的地方坐下來，然後輕輕閉上眼睛，緩緩地呼吸。現在妳正在和此時此刻的妳在一起，是一個不太喜歡自己的妳。還不能喜歡自己沒關係，請一邊呼吸，一邊感受一下這個當下妳所有的感知與飄過的思緒。當妳覺得自己完整地感受好了，把剛剛的感知與思緒都盡可能地寫下來。

3.
請回到第一題，重新看一次那些妳不喜歡自己的理由。在這個時間點，和剛剛的感覺相比有什麼不同呢？

通常我們進入自我厭惡的狀態時，會認為所有的缺點都是「我不想要的」，想把它們剔除趕走。這很合理，我們當然不希望留著自己不喜歡的部分。然而當越排斥我們所不喜歡的自己，心裡的厭惡、煩躁、低落，也會隨著排斥感而上升。因此，**在我們想要喜歡自己之前，要做的反而是接納自己不喜歡的部分**。

很奇怪吧？其實如同前面所說的接納情緒，接納那個還不夠喜歡的自己，我們才不會被排斥感困住而無法產生愛自己的行動。我們透過正念，與當下的自己相處，我就是我，我就是現在的我，練習用一種接納的心態看待自己的缺點，才能不把缺點當成全部的自己，而是知道那就是自己的一部分；還有另一部分，是我們的優點，是自己喜愛的部分。當排斥感太強烈時，我們就會看不見那些本來就是自己的美麗。

心理師給妳的小紙條

1. 自我探索是一趟旅程，也許沒有停止的一天，但會在過程中找到和現在的自己在一起的方式。無論接下來我們所談的生育是不是妳的選項，生命都有很多面向可以探索並前進。活出自己的第一堂課就是檢視妳所感受到的阻礙，澄清它但不批判自己，可以的話請保持對自己的好奇心，觀察自己是如何被阻礙所影響，也觀察自己曾經如何繞過阻礙而行。

2. 喜歡自己的五個心態：

- 每一個人都擁有各種可能，包括自己。
- 想要調整自己的話，需要時間。
- 了解到所有負面情緒，以及為什麼那麼不喜歡自己，都有它的原因。
- 知道並接納自己的弱項，讓強項發亮。
- 妳看到的他人，都可能是片面；避免用片面的資訊來理想化他人。

CHAPTER 2

媽媽未滿

我該成為母親嗎？

無論妳以何種面貌生活在哪裡，都希望妳能幸福滿滿。

——崔至恩，《我不想當媽媽》

人生的路上有好多的經歷需要選擇，求學時要選擇志願，畢業後要選擇升學還是工作，職涯的選擇更是複雜，要考慮收入、未來發展、人事結構等等。而婚姻與生育的選擇，真的就更困難了。關於婚姻經營可以翻到第七章閱讀。

在傳統思維裡，結婚生子是人生中的必備項目；不是選修，是必選，婚育成為女性存在的價值，嫁得好，兒孫滿堂凌駕於個人價值之上，不婚不育會被貼上不被認可的標籤。然而到了現代，當我們更明白不論自己是誰，存在的價值可以由自己來創造與定義時，生育與否應該可以是人生的選項之一了。當然，這過程中需要很多的思考與取捨，還有面對所謂「主流價值觀」的壓力，以及面對他人建議時的界線。

職涯與育兒之間的取捨

心理諮商診間

三十七歲的苑小姐目前有固定男友，近來男友詢問起是否有生育孩子的打算，否則年紀再長就沒有機會了。苑小姐感受到自己的心情相當複雜，覺得身體的機能正在催促自己做決定，但工作占據了自己大多數的時間，職涯發展的前景看好，希望能夠全力衝刺。如果接下來要準備懷孕生子，苑小姐不希望自己被工作占據而無法好好照顧孩子。閨蜜提及凍卵這個選項，這的確會是暫時解決現狀的一個方式，然而自己是否想要有個孩子呢？這些年在工作中不斷衝刺，幾乎沒有時間靜下心來詢問自己：生兒育女是不是自己想要的呢？

如同苑小姐，在工作中成就自我的女性越來越多，生育不再是成年女性絕對的方向。然而女性和男性的生理機能不同，女性在生育年齡上有明顯的限制，而所謂的最佳生育年齡，也恰巧與職涯上衝刺的時間重疊。因此，三十世代的女性常會在這個時間點出現很多徬徨甚至是焦慮：自己要不要結婚生子？能不能在這個時間點順利結婚生子？或是在思考的過程中，可能會聽到很多「外在的聲音」，包括周遭親友的觀點、同儕的生涯選擇，這些聲音甚至會和自己內在的聲音混合一起。例如當周遭的朋友都陸續有了孩子時，這時可能會產生很多自我懷疑，包括「我怎麼知道現在選擇不生，我之後會不會後悔？」「我怎麼確定想要生孩子是我自己的意願，而不是隨波逐流？」

親愛的女人，這真的沒有標準答案。首先我們最能夠做的，就是**告訴自己所有的選擇都是可以的，沒有對錯之分**。女性和母職角色本不應該畫上等號，我們可以選擇成為或不成為母親，也能學習並決定要成為怎樣的母親。周遭親友所提供的建議，都只是參考，而不是指引。畢竟每一個人的人生都是獨一無二、無法複製，適合我的，不一定適合他人，反之亦然。**我們可以一方面允許自己心裡的所有聲音，一方面練習區分他人與自我，在思考生育抉擇的過程中，同時進行接納自我並建立界線**，從所聽見內心的聲音中，再進一步思考，例如「我知道我很害怕後悔，不過是什麼原因讓我這麼害怕呢？」「如果我是因為想要和大家一樣才生，我真的可以好好照顧孩子嗎？」接下來，我們就來談談對於身為母職的不確定感。

知識分享

關於凍卵與借卵

近年來，凍卵風潮興起，女性開始幫自己進行「生育保險」，透過凍卵技術，把卵子儲存起來，不論是在生涯規劃上，或是在等待適合的伴侶的道路上，都能讓自己保有可以孕育下一代的機會。此外，《人工生殖法》也有明定關於捐卵的規定。如果妳是在職涯與生育之間抉擇的女性，可以讓自己多蒐集相關資訊，例如凍卵的保存年限、凍卵手術的過程、之後進行人工受孕的方式，以及捐卵受贈的條件等。

成為母職角色的不確定感

心理諮商診間

這是苑小姐的第三次諮商，我們談起她的原生家庭，苑小姐十歲時媽媽因病過世，有時她會一個人在家等爸爸下班，最好的夥伴是她的課本。隔壁鄰居阿姨常常捨不得苑小姐一個人在家，會招呼她過去吃飯，甚至連初經來時，也都是阿姨協助。

「鄰居阿姨很好，但那終究是別人家。」苑小姐回憶。「所以我書念得很好，可能是有很多時間和書在一起吧（笑）。然而要我成為一個母親嗎？我沒有太大把握，我覺得我好像不太行，不確定身為媽媽應該是什麼樣子。」

成為母親應該是什麼樣子？我會變成什麼樣子？我該怎麼照顧孩子？這些概念很大

一部分來自於我們自身被養育照顧的經驗。例如在嚴格的家庭長大，我們可能會以相似或刻意相反的方式來照顧自己的下一代，這是原生家庭給我們的參照點，我們會因著這些經驗，形成對於父職和母職的想像。然而每位女性成長的經驗都是獨一無二的，不是每個人在成長的過程中都可以將被照顧的經驗內化，成為自己母職角色概念的一部分。負向童年經驗（例如不當管教與忽略）、創傷經驗、父母親早逝，都有可能影響到女性對於母職角色的建立。如果成年女性很難提取被照顧的經驗，就有可能對於自己照顧下一代的心理能力感到不確定，甚至會覺得連照顧自己的情緒都有困難時，就有可能覺得自己不願意或根本無法成為一位母親。

如果妳和苑小姐有類似的感覺，沒有關係，沒有一個人天生就會當母親。不想成為母親，沒有關係，那是因為妳有覺得自己更適合的樣子。想要成為母親但是感覺到害怕，也沒有關係，妳可以找到合適的對話對象──可能是心理專業人員，可能是妳的閨蜜，好好地談妳的害怕，害怕不是妳的錯。害怕的背後可能有被照顧的渴望，可能有說不出口的孤單，重要的是這些感受可以被理解與承接，而不是僅僅在於生育與否的決定。更重要的是，**去處理自己的內在經驗，不是為了要成家生育，而是讓自己有療傷的起點。**

有了孩子後，伴侶關係的改變

有些女性對於要不要生育的考量，來自於倘若有孩子後，擔心伴侶互動品質會受到影響，或是對於伴侶與婆家教養孩子的方式有疑慮。例如伴侶雙方在教養觀念上的差異極大，或是原先在相處上就有難以磨合的問題，都會讓女性在決定生育的過程中卻步。然而，能在決定生育之前，發現雙方在教養上的觀念差異並加以溝通討論，會比孩子出生之後才發現差異來得好。因為當孩子出生後，新手父母在忙亂之下，很難有體力與時間好好溝通。目前，婚前與孕前健康檢查的概念已經頗為風行，而**婚前與孕前的溝通也和健康檢查一樣重要**。至於要溝通哪些項目呢？伴侶可以詢問自己與對方這些問題：

- 想要擁有孩子嗎？想要與不要的原因是什麼呢？
- 想像過有了孩子的生活會有什麼巨大改變嗎？
- 如果擁有孩子，兩人的教養觀念為何呢？例如全職照顧與否、對於孩子教育的想法，以及伴侶之間在親職與家務上的分工等。

- 擁有孩子後，最大的擔心是什麼呢？例如家中經濟條件、隔代教養、對於職涯發展的影響等。
- 兩人各自的成長經驗，對於自我與未來的孩子，可能的影響是什麼？
- 是否有足夠的後援來幫忙照顧孩子？
- 寫下專屬於你們之間的溝通：

這樣的討論，過程中可能會有點不愉快，也有可能挖掘出過去沒發現的問題。不過，不要因為這樣就迴避溝通，畢竟每對伴侶間都會有潛在的矛盾與問題，壓抑這些問題，未必就代表不會造成影響。在較有餘裕的時候溝通，比較能站在對方的角度一起思考，形成較良好的溝通模式去面對可能的矛盾與問題。

心理師給妳的小紙條

在生育抉擇的路口，要知道自己是怎麼來的，才會更清楚自己要往哪裡走，不論向左或向右，妳都不會迷路。妳的謹慎以對，是因為妳想好好對待自己，也想好好對待可能會來到身邊的孩子。

寶寶為何不來？

不孕不是一種懲罰，妳本來就是一個完整的妳，
妳今天有小孩沒有小孩，妳都值得很幸福。

——電視劇《未來媽媽》

對很多女性來說，從小到現在，從來沒想過懷孕是一件困難的事。在我們祖母和外婆那個年代，生七個、八個孩子的比比皆是，也好像沒從父母親那邊聽過，生一個孩子很困難。但怎麼到了自己想懷上寶寶時，就這麼不順利呢？

根據內政部首次生產婦女之平均年齡統計報告，民國一〇〇年生育第一胎婦女平均年齡為二十九．九二歲，一一〇年生育第一胎婦女平均年齡為三十一．二三歲。此外，出生數按生母年齡的統計，在一〇〇年時，生母在四十到四十四歲出生數為四千三百二十四人，在一一〇年時，生母在四十到四十四歲出生數為九千六百零二人。

從這個數字分布，我們可以發現隨著社會變遷，初次生育的年齡越來越晚。而女性的適孕狀態與年齡有高度相關，因此面對生育困難的女性有逐年增加的趨勢。

根據一〇七年衛福部人工生殖施行結果分析報告，從八十七年到一〇七年，人工生殖治療週期數，從七千一百四十六個週期，增加到三萬九千八百四十個週期，顯示這二十年來因為不孕而進入備孕療程的比例有大幅提升。

該分析報告發現，不孕的原因其中卵巢因素占了三一．五%，多種因素占了三〇．九%，男性因素占了一二．三%。此外，不明原因占了三．七%。這些不孕症婦女在找不到原因時，因為無從根除病灶對於受孕的影響，而感覺到格外痛苦。備孕中的A小姐就說到：「知道原因，就算再難處理，但至少給了我一個努力的方向。」

面對難孕的心理狀態

除了A小姐的無奈之外，還有好多種心裡的聲音，是旁人不見得能完全想像到的：

「你明白一直努力卻無法獲得的感受嗎？」

「當備孕的姐妹們一個一個畢業，只有我還在這條路上，然而這條路有一個殘酷的事實，那叫做年紀，我越往前走，希望越渺茫。」

「我一邊小心翼翼照顧自己的身體，但一邊對我這個身體生氣。」

「我都笑著聽同事聊小孩經，但我真的好想逃走。」

面對難孕與備孕，會遇到很多種難以言喻的心情：

自我懷疑與不公平感

根據一項美國的研究，相較於其他生活壓力，備孕的壓力會造成女性更多對於自己在性上的自我懷疑，並且降低自我效能。[1] 自我效能指的是「相信自己擁有完成一件任務所應具備的能力」，因此備孕的壓力不只影響著我們對於自己生育的信心，也可能擴散到生活其他層面中生育與女性角色在意象上的連結，這是在世代與文化傳承中不知不覺影響著我們的。傳統家族觀念中，婚姻制度主要的目的在於傳宗接代，生兒育女不僅被認為是家庭中重要且必要的行動，甚至被認為是展現孝道的方式。「不孝有三，無後為大」、「養兒防老」、「無子當歸寧」……，這些都是鑲嵌在家族觀念中對於生育後代以及女性生育狀態的重視。

隨著時代的演變，生育與女性角色的連結是否有所改變呢？相信是有的，但幅度可能有限。因此面對想要生育卻有困難時，難孕婦女對於自我價值的懷疑也會隨之而來；甚至是當難孕因素是在男性身上時，進行人工生育的過程中，女性還是需有較多的承擔，所衍伸出的情緒包含了不公平的感受，並逐漸放大為對於整個人或身為生理女性的各種困惑，「倘若生育這件事從一開始就是極度的男女不公，我還要不要買單？」

憤怒怨懟

生氣憤怒，通常是我們比較不容易覺察到的情緒。我們對於生氣這種情緒，通常會聯想到衝突、不理智與不成熟，因此在成長的過程中，憤怒的感受容易被壓抑，使我們不容易覺察或表現出來。生氣憤怒是一種當我們感受到威脅、不平對待時會有的反應。人們在面對衝擊或非預期的負面遭遇時，若在心理上無法消化處理，其中一種會出現的情緒就是憤怒。

不孕症對於個人來說是一個巨大的衝擊，許多女性從未想過生育困難會發生在自己的身上，對命運、對自己都可能會有不知如何表達的感受。對命運會有「為什麼是我」的怨懟，對自己可能會氣身體怎麼這麼沒用，或是責怪自己過去沒有好好照顧身體。然而，也因為生氣憤怒的情緒容易被壓抑，在感受上也就會有更多難以梳理或說不出口的糾結了。

戰戰兢兢

與伴侶性生活按表操課，快到開獎時間就忐忑不安，生活中竭盡可能避免危害身體的物質……，這些事情都是備孕中會面對到的。在非常期待能成功的心態之下，就會讓所有與懷孕有關的事項占據著自己的注意力，深怕一個沒留意就錯失了這個週期可以順利懷孕的機會。在這樣以備孕為生活、生活為備孕的態度之下，會加重對於懷孕結果的得失心。對於備孕的伴侶來說，希望自己能夠放鬆，但又很難不戰戰兢兢，更深一層糾結是，很怕自己不夠放鬆而干擾受孕，「情緒被綁架了」，能充分形容備孕過程中的感受。

知識分享

人工生殖歷程簡介

人工生殖分為兩大類：第一類為人工授精，簡稱為IUI；第二類是試管嬰兒，簡稱為IVF。人工授精就是將取出後的男性精子，經過篩選後置入女性體內等待精卵結合。試管嬰兒的程序則較為複雜，現代生殖醫學也會有個別化的精緻處理。大致說來會經由排卵刺激，讓女性有機會在週期中產出更多或在條件上更好的卵子，經由取卵手術將卵子取出後，讓精卵在體外結合後培養數天，再將受精卵放入子宮中；或是將受精卵冷凍起來，等待子宮環境更適宜時，再解凍植入。兩種人工生殖方式的適合對象與成功率有差別，在程序與價格上也因此有明顯差距。

二〇二一年七月，國健署的試管嬰兒補助方案正式上路。條件為夫妻雙方有一方具有我國國籍，而且妻子的年齡未滿四十五歲，即可申請。一般不孕夫妻首次申請最高補助十萬元，再次申請最高補助六萬元，並依各範圍療程給予不同補助額度，低收入及中低收入戶維持每次最高補助十五萬元。對於許多接受不孕症治療的夫妻來說，這項方案著實減少了經濟上的負擔，也減輕了因費用所造成的壓力感。

在備孕路上的自我照顧

心理諮商診間

妤今年三十五歲，和先生共同創業，創業的前幾年很辛苦，兩人一起咬牙撐過來了，現在事業已有一定規模，在經濟比較寬裕的狀況下，夫妻倆開始有了想要生育下一代的念頭。

努力了半年未果，前往不孕專科進行相關檢查後，妤發現自己的AMH值（全名為Anti-mullerian Hormone，抗穆勒氏管荷爾蒙，由卵巢中未成熟的小卵泡所分泌的激素，能由此顯示卵巢卵泡的庫存量）比同齡女性低很多，才明白要懷上一個孩子，不是想要就有的。夫妻倆決定開始進行人工生殖的療程，同時因為懷孕困難而產生了情緒困擾，也進行了心理諮商。

「說了那麼多，我就是個不能生的女人。」這是妤在說完自己的經歷後做的註解。

「我想，如果可以，請不要用『不能生』來作為妳對自己的形容詞。當妳這樣說的時候，我感覺到兩個部分，一個是妳嘗試要去接納所謂『不能生』這個狀態，第二是妳說出這個註解時有多麼難受。」我說

我告訴妤：「今天我們會來談談這些情緒可以怎麼調適，這很不容易，但我們一起嘗試。」

練習覺察

繁忙生活的節奏，讓我們不易感受到自己的心情。一來沒有機會，二來也會擔心一旦去感受心情，就會讓情緒停不下來，所以我們經常會壓抑情緒。有時我們可以感覺到自己的壓抑，但有時因為生活所需以致於太習慣去迴避情緒，我們並不知道自己正在壓抑。例如覺得悶悶的，就去購物血拼；或是心情不好時，告訴自己不要去想就沒事了。這些我們經常使用的情緒處理方式，其實都屬於廣義的壓抑。2

用壓抑的方式去處理情緒，在生活中是有其必要性的。因為這樣可以讓我們得以把手邊的工作穩定地完成，不會因為情緒而中斷了工作節奏。然而，當情緒壓抑過度時，對身心狀況是會造成負面影響的。例如突然的情緒爆發，或是積累壓力造成身心症狀，都是情緒壓抑的可能結果。**適當地情緒覺察，能讓我們有機會在生活中暫停一下，梳理自己現在的思緒，避免負面情緒過度累積。**

然而，情緒覺察要怎麼做呢？當我們感覺到情緒悶悶的時，可以停頓一下，去找尋現在的感覺和什麼情緒比較貼近呢？我們可以去找一個情緒詞彙來對應，一開始可能不太容易，可以參考下頁的情緒詞彙表。妳現在的感覺是煩悶、挫折、不安，還是委屈呢？透過每次的自我探問來逐漸發現情緒的方向，或是藉由連結到引起情緒事件的來龍去脈，也可以逐漸挖掘到自己面對特定事物時，所對應到的情緒為何。這樣的練習會讓我們對於情緒的覺察越來越敏銳。

情緒詞彙表

平靜	不安	難過	高興
安心	恐懼	悲傷	快樂
溫暖	焦慮	自責	愉悅
放心	擔心	挫折	喜悅
滿足	忐忑	委屈	開心

空格處可填上屬於妳的情緒

心理諮商診間

接納並和現狀共處

「好，我想要請問妳，對妳而言什麼樣的狀態叫做接納自己的身體呀？」我在第二次的諮商會面中，詢問了好這個問題。

「嗯？我知道我有懷孕的困難，這不叫做接納嗎？」

「這的確是接納的第一步喔！很多人都在說接納，但是到底什麼樣的感覺叫做接納，其實對大部分的人來說是有點模糊的。」

「好像是耶，想像中的接納應該會沒那麼抗拒，但我好像還是很抗拒自己的身體，覺得這個身體很沒用。」

「妳發現這個感覺了。我們來談談如何接納自己吧！」

我們都知道接納的重要性，不論是對待自己或對待身邊的人。但到底什麼叫做接納呢？接納（acceptance）是一種心理狀態，**允許讓感受來到心裡，停留在心裡，接著離開心裡，不多加壓抑、評斷或試圖改變**。舉例來說，倘若今天我的身上有一道明顯的疤痕，接納這道疤痕的狀態是，我看到疤痕會有「怎麼這麼不好看」的念頭，我允許自己覺得疤痕不好看，也覺得「不好看」這個念頭有時會離開我的心裡。不用特別告訴自己那很美，也不需想盡辦法讓這個疤痕消失。妳可能會想問：「讓自己覺得疤痕好看，才是一種正向的態度，不是嗎？」是的，這的確是一種正向的態度。然而接納的本質是，妳可以覺得疤痕好看，也可以覺得疤痕不好看，這都是妳的一種觀點。妳可以看到因為覺得疤痕的美所帶來的意義，當然也可以因為妳覺得疤痕不好看而心情不好，而**好與不好，都是被自己允許的**，這才是接納。

對於難孕的接納，備孕婦女常用盡了全力來改善自己的體質，一直提醒自己要繼續努力。這個行動過程並沒有錯，只是我們在努力的背後，有時象徵的意思就是「我的身體不好所以才需要這麼賣力」，因此我們可以在行動的過程中增加自我接納：

「我知道我的身體不容易受孕，所以我的努力不是要徹頭徹尾改變體質，是改善，而非勉強。」

「我想到我的身體，會感覺到挫折，但這就是我的感受，我的身體。」

接納，不是要放棄努力。而是**從一個自我接納的狀態出發，就能用相對平靜的感受面對備孕過程所有的起伏**，也就更能看到自己所有的努力。

讓生活回到生活

許多備孕女性，都會對排卵試紙和基礎體溫計算感到有心理負擔。透過測試排卵與量測基礎體溫，找出最容易受孕的時間，與伴侶進行性行為，期待讓受孕的機率提高。因此備孕夫妻的性行為容易變成具有目的的性，也因此削弱了情感的自然流露與投入，而逐漸出現「行房如同作戰」的壓力感受；也有部分人在這個過程中，不知不覺削弱了在性吸引力上的自信。「我覺得我先生只是在交功課，我感受不到過程中的愛。」「我甚至很怕他對我的身體反感，可是我能怎麼辦呢？」

不只在性行為上，許多備孕女性也會對生活中可能干擾受孕的因素變得敏感，例如營養攝取、不接觸化學物質；也會希望生育的無助無望能得到解答，因此反覆地占卜算命尋求解方。在這些過程的背後，充滿在求子道路上，對於未來的茫然、看不到盡頭的感受。因此，讓步調回到「過生活」，而不僅僅是備孕，一來可以減輕在情緒上的負擔，二來也才能真正回到本質——生兒育女是人生中重要的一部分，但也不能涵括生命的全部。當我們讓生活回歸於生活，減少把懷孕當成念茲在茲的目的，減壓的生活方式，會讓身心都處在比較平靜的狀態，有助於迎接寶寶的來臨。

而如何讓生活減少對於備孕的目的性呢？很重要的就是找回對於生活的投入感。正向心理學之父塞利格曼（Martin Seligman）在《邁向圓滿》這本書中提出了幸福的模型（PERMA），分別是正向情緒（positive emotions）、全心投入（engagement）、正向人際（positive relationships）、生命意義（meaning），以及成就感（accomplishment）。心理學家契克森米哈伊（Mihaly Csikszentmihalyi）在一九七〇年代左右，提出心流理論或稱沉浸理論（Flow theory），意指全心投入在活動中忘我的感受，在這樣的狀態之下，個體的注意力不會放在原先所擔心的事物上，而是全心全意把注意力貫注在自己感興趣的事物，以及伴隨而來的感受上。

連結到與伴侶的性生活上，性不應該只是生育過程，更是兩人之間身體與心理上的親密感。當親密關係更能聚焦在彼此的感受與連結時，才能享受在其中，而不是一種負擔。別忘了，妳與伴侶的關係是家的根本。

剛剛好的周圍支持

心理諮商診間

今天是好的第三次心理治療，一進門時可以看出她的情緒很低落。

「還好嗎？」我問。

「我覺得我根本是工具人。前天是我取卵的日子，在取卵前我好緊張，我和先生說好想要逃跑喔！沒想到先生居然說：『都花了這麼多錢，妳還要逃跑？』我聽了之後所有的緊張都沒了，都變成了火大。」

「妳說妳感覺像工具人，好像妳會期待身體的辛苦和心理上的負擔，先生可以感同身受、說一些讓妳感到安慰的話，但卻被當成金錢來衡量。逃跑是一種念頭，但他所表達出來的話，卻讓妳有種被指責的感受。」

「是不是？到底是誰在逃跑？看診的是我，滑手機的是他；打針的是我，在旁邊沒事的也是他。」

給伴侶

在備孕或進行人工生育療程的路上，女性在身體的承受程度是高出男性伴侶很多的。不論服藥或侵入式的檢查與療程，身體的承擔會增加心理的壓力感受。因為是由女性的身體來負荷，導致女性會不由自主地把受孕的得失心都放在自己身上，因此伴侶之間的互相扶持，對於備孕過程的身心安適是很重要的。不少女性都會在進行人工生育療程的過程中，對於伴侶貌似事不關己的態度感到不平，這時就很容易出現埋怨與爭執。

因此準備懷孕的伴侶，請試著站在對方的位置，從對方的視角，想像那會是一種什麼樣的感覺。「如果我是太太，私密處承受這麼侵入性的檢查，應該也會很害怕吧？」「如果我是她，常常要打針，一開始要打針時應該也會很害怕吧？」對於感受的體察、去表達自己對於這些感受的理解與安慰，會是最重要的聆聽與陪伴。同樣的，妻子是否能在感受到自己的埋怨之後，停下來把真實的感受與原因好好地表達出來，也很重要。

以好的例子來說，當她在聽到先生表達在意金錢之後，可以練習把自己感受到的不平以及背後的想法，好好地表達出來：「老公，我也知道我們花費了蠻多金錢，然而我還有投注很多身體不舒服以及壓力，我會說想要逃跑，是因為我真的很害怕，然後我想和你說……。」讓先生有機會聽到妻子心裡的感受，然後也以自己的感受回應。

備孕夫妻生活中面對的壓力是雙重的，除了我們都會遇到的工作與生活負荷外，又再多了一層備孕的內外在壓力，內在的是自己的期盼，外在的是旁人的「關心」。備孕夫妻在雙重壓力下，想要平靜自己的心，好好聽彼此說話，其實並不容易。在迎接寶寶的同時，備孕夫妻也要在這個時刻學會聆聽、學會好好表達自己的感受，並學會體會對方的感受。

給家人和友人

面對備孕夫妻，家人和朋友一定有很多話想要和這對努力的伴侶分享。然而打氣鼓勵或分享的話語，有時會不確定該怎麼表達才好。有幾個元素可以作為參考：

旁人不需要擔任「催生大使」

由於環境、經濟條件與初產年齡上升等因素，生兒育女不是容易的決定，更不是想生就一定有辦法的。對於許多伴侶來說，在決定生育前往往會先審視自己的心力與資源，例如生涯規劃上到底有沒有餘裕來好好照顧一個孩子？在收入上能否讓全家人都可以不需要替支出擔心？再加上普遍初產年齡提升的原因，就算準備好孕育孩子了，也未必就能立即如願以償。因此，生育這件事其實對於現代人來說，真的是一個需要通盤考量的決定，「生」的背後，更連帶著孩子出生後的養育與家庭生活的安排。

周遭的人在表達關心時，未必能夠完全同理到這對夫妻的立場，因為我們在給關心或建議時，往往是以自己的角度出發。請讓生育的選擇與決定回到夫妻身上，區分出是我們自己（家人和朋友端）想要的，還是這對夫妻想要的，是可以去練習建立的心態。

關心的方式

在面對新婚夫婦或備孕夫妻時，家人和朋友想表達關心的方式不一定要用「建議」的，可以改用「表達支持」或「分享」的形式。

關心的方式

建議	● 要不要去檢查一下？ ● 要生早點生，太晚生帶小孩會很累！ ● 你們要不要生其實是你們的事啦，但也不要拖太晚
表達支持	● 你們怎麼決定都沒關係，需要什麼再和我說喔！ ● 我知道你們會有自己的方法的
分享	● 來聊聊最近我們大家的新鮮事吧！ ● 想當年我生幾個也一直被關心，真的是很有壓力

其實我們都有經驗，恰到好處的關心是最能拉近關係的。當關心過多，或是表達前沒有考量到彼此是不一樣的個體，反而會讓關係中增添壓力。我們在給予關心時，別忘了先區分看看這是「我的期待」還是「對方的需要」，不把我們自己的期待加諸在對方身上，才能讓關心更到位，更到對方的心中。

心理師給妳的小紙條

親愛的，媽媽未滿的日子並不是那麼容易，這一路真的就是承擔，學習真正的接納，學習擦乾眼淚後繼續面對生活。別忘了，在備孕的妳或是還在猶豫的妳，依然是妳。有妳享受的生活方式、有妳愛的人，還有妳喜歡自己的樣子。請在下面的空白處，寫下這些問題的答案，有的也許妳都忘記了，沒關係，我們來把自己喚起。

- **我最喜歡的三種食物：**

- **我最難忘的風景：**

- **我最喜歡的一首歌：**

● 我最喜歡自己的一張照片：

♡ ♡ ♡

1. Is fertility-problem stress different? The dynamics of stress in fertile and infertile couples. 連結：https://www.sciencedirect.com/science/article/abs/pii/S0015028216550821

2. 關於壓抑的描述，可以參考蘇益賢臨床心理師的《練習不壓抑》（時報出版）。

CHAPTER 3

我懷孕了！

給第一孕期的妳

我注定是你的母親，並且我會盡全力去做好。

── 電影《阿甘正傳》

寶寶來臨的那一刻

妳的感受

從驗到兩條線的那刻開始，也許妳還沒有意識到人生有什麼不同，但這是巨大變化的開始，包含妳看待自我與世界的方式，都會改變。

首先，寶寶的來臨是否為妳和伴侶預期之中的，將會影響妳的情緒反應。假如寶寶並非計畫中來到，而寶寶也不是妳目前人生規劃的一部分時，妳可能會震驚、不敢置信、驚慌、無助、自責或憤怒。妳可能責怪自己太大意，責怪伴侶太輕忽，也可能覺得老天爺跟妳開了一個大玩笑。這些心情將引導妳去思考接下來的應對與計畫。

如果寶寶是妳計畫中，或是不排斥的人生計畫之一，確定懷孕的消息會帶來前所未有的心情，大部分會是驚喜且愉悅的，也可能會有各種不安開始一點一點發芽：擔心寶寶是否能穩定地抓住子宮、不確定自己的各種動作會不會影響到初期的懷孕狀態……。

然後理性的聲音會接著提醒妳：開始要做各種準備了。找產檢醫療院所、預約月子中心、蒐集營養相關資訊等等。理性的思考與感性的感受，更迭出現在心中。妳發現，懷孕的自己原來是這樣的模樣。

倘若妳已經育有孩子，寶寶的再度來臨，妳有可能老神在在，但也可能感到驚慌。也許對於懷孕與生產過程已經有親身體驗，但可能會開始思考家庭經濟是否足以負荷、照顧時間與品質該如何分配，以及大寶可能會有哪些感受。

每個生命的到來都是獨特的，寶寶的來臨會帶來屬於妳與他之間獨一無二的感受。換言之，每個母親也都是獨一無二的，不會因為懷孕或成為母親，妳就不是妳自己。妳的生命經驗影響著妳如何詮釋這個新生命的來臨。妳也許會有和別人不同的感受，不用急著質疑自己為什麼沒有特別開心或期待，先讓自己停在這些感受上，讓感受成為妳理解自己的入口。

告知伴侶

可能很快地，妳就會把新生命來臨的消息分享給伴侶了，可以想像的是，伴侶的反應會是妳很在意的。如果他和妳一樣欣喜若狂，甚至比妳更興奮，那會是一個共享幸福的精心時刻，甚至整個孕期都會回味著開獎那一刻的模樣。然而，當伴侶的反應和妳想像中不同呢？倘若妳和伴侶對於懷上孩子有著不同的期待，你們在這一刻起就開始需要溝通與彼此理解。

「我先生在聽到我懷孕時的第一個反應是安靜，我對於他的安靜感到很震驚，我問他難道不想要孩子嗎？他說他感受到的是壓力，想到家裡的空間大小、我們兩個人的收入，以及接下來十八年都沒有辦法過自己想要的生活。看到他的反應，我覺得很沮喪，但又不能說他有錯，因為這是他扛起這個家負責任的表現。我還以為我們會像電視上那樣抱在一起慶祝，但現在發現我的想像好蠢，然後我彷彿也會覺得懷孕這件事是錯的。」

「然後我覺得對不起寶寶。」

當伴侶對於孩子來臨的期待低於妳，甚至沒有期待或抗拒時，妳會生氣、難過，也可能會想到很多接下來讓妳不安的部分：「他會不會不想留住寶寶？」「以後會不會都是我在照顧孩子？」「原來他跟我的想像差這麼多。」

會有這些想法都是很合理的，妳可能會想要和伴侶爭吵，試圖影響他的想法，或是進入一個冷戰期。但有個我們可以去思考的方向是：兩個人在一起的過程，不太可能完全料想到對方面對重大事件的反應，例如買房、與長輩同住等議題。甚至妳個人，也可能沒有想到原來自己對於某件事件的反應是這樣，當然妳的伴侶也是。

面對懷孕這件生命中數一數二的大事，你們很有可能都是第一次面對，然後第一次認識自己面對新生命的想法原來是這樣的。因此伴侶對於新生命的反應，也正處於一個認識自己的過程。**給予你們時間與空間去談談各種感受，不企圖說服或辯駁，聚焦在聆聽上，你們都會更加認識自己，也更加認識彼此**。關於伴侶溝通，在第七章會有更多描述。

我的猶豫大過開心

當然也會出現一種可能是，妳的伴侶比妳更渴望寶寶的來臨。妳可能會想：「如果是伴侶想要而生下孩子，會不會因為不是自己想要的，而感到後悔呢？」畢竟這是一個極為重大的決定，如果不是因為自己想要，真的可以成為一位稱職的母親嗎？首先，到底自己會是一位怎樣的母親，是一件很重要也值得思考的事。但首先我們要想，親職，不會是母親一個人的責任，而是父親與母親雙方共同陪伴與教養孩子。父母親之間的價值觀、教養態度、情緒狀態，都會在養育孩子的路上造成影響，因此先不要把過多的責任壓在母職身上。

這時請妳先停下來感受一下，妳如果對於寶寶的來臨有許多猶豫甚至不期待，可能是基於什麼樣的原因或經驗呢？這樣的思考，也可以提前到妳和伴侶在討論要不要準備懷孕時，就開始進行。大致可以分成三個層面去想：

一 自己成長的經驗

孩提時期，妳覺得自己是個快樂的孩子嗎？妳會怎麼形容妳的童年時光？我們都知道原生家庭的互動與教養方式，形塑出一個人長大的樣貌。照顧者，通常是我們的父母，成為我們看待自己的一面鏡子，也影響著我們的親密關係與家庭觀。然而影響的方式還是會有個別化的不同，有些人感受到來自家庭的不安全感，長大後習慣讓自己與人保持距離，然而也有人因應不安全感的方式是積極尋找讓自己可以感到安全的對象，成立自己的家。對親密關係與家的想像不同，對於是否要孕育下一代的想法也隨之不同。

中央研究院社會研究所在二〇一九年發表了「台灣青少年成長歷程計畫」，這是個長達二十年的追蹤調查，目的想要了解台灣青少年和家庭結構的關係，如何影響到他們成年後的親密關係與婚姻態度。該研究收集了五千五百四十一名在二〇〇〇年時為國一與國三的學生進行調查。[1] 研究發現，「十二歲以前父母離婚者」（也就是兒童期父母離異），在十九到二十歲時有約會對象的比例，顯著高於「十三歲以後父母離婚者」（也就是青少年期父母離異）和「雙親家庭」。而「十三歲以後父母離婚者」對未來沒有婚姻期望的比例，顯著高於「兒童期父母離婚者」、「雙親家庭」的同儕。

從這個發現我們可以推論，在兒童期父母離異的孩子，可能因為缺乏另一個親職的照顧，增加了之後尋找親密關係的動力；而在青少年期父母離異的孩子，因為已有自我照顧的能力，思想上也較兒童成熟，可能更會去反思婚姻關係的正面與負面意義，而降低了想婚的欲望。

這個研究雖然對於生育的著墨不多，卻可以讓我們明白，原生家庭父母的關係與教養方式，影響著我們對於家的定義、要不要結婚、要不要生育，也認知自己到底適不適合擁有下一代，這些想法都與我們成長的經驗息息相關。理解早期成長經驗對於自我的構築過程，會讓我們更清楚需要調整的方向是什麼。

對於懷孕與養育的擔憂

在現代社會中，把一個孩子養育成人，已經和前一個世代有很大的不同，因為家庭結構、性別角色與教養概念已有許多變化。國家發展委員會的「我國家庭結構發展統計」指出，民國七〇年女性懷第一胎的平均年齡為二十三．七歲，到了一〇四年已到了三十．六歲[2]，一一〇年內政部戶政司的統計則是三十一．二三歲。從這些資料可以看出，母親的生理與心理狀態，已經和三十年前有非常大的不同。生育年齡往後延的可能性包括：社會經濟發展的提升、教育的普及、女性社會角色的變遷等因素。

女性對於孕育下一代所需要的調整，也會有更多的思考與擔憂，包括職涯發展的影響、生活型態的調整、夫妻關係的變化。我聽到女性最多的掙扎，就是在自我與母親的身分之間，是否能達成平衡。而晚育所帶來的連帶效應，會讓女性思考體力是否能夠負荷、高齡生產的危險性，以及對於孩子的生理影響，此外也會進一步考慮到，當孩子成年或成家時，自己的年齡是否會造成子女的負擔等。當然，晚育的好處也是不能被忽略的，包括收入與經濟條件穩定、心思與情緒穩定度更加成熟，以及對於教養觀念有更多的接觸。

接著我們可以思考生育的外部條件，包括養育與教育的所需費用、職業父母是否有協同照顧者，都可能是考慮要不要生育的原因之一。

在書寫這段文字時，適逢新冠肺炎流行期間，大環境的各種巨變也讓我在想：「讓孩子誕生到這個世界上到底好不好呢？」當然，理智上我明白沒有絕對的好與壞，然而這樣的感覺卻是如此真實，或許這也是很多父母與準父母的心情吧。然而這猶豫的背後，充滿了我們想要讓後代無慮長大的愛。看見自己的每一份心思，妳會發現以往從未發掘的自己。

和伴侶的關係

也許妳和伴侶還沒有結婚，但你們意外擁有了孩子。這時妳可能會思考，到底要不要因為孩子和伴侶登記結婚呢？或許你們一直都卡在某些因素所以沒有登記結婚的打算，但因為孩子開始面對這個因素的影響力，可能是與雙方父母的關係、價值觀與生活態度，也可能是溝通與情緒表達方式。因此你們會猶豫著如果生下孩子後，會不會惡化原來你們在關係中的脆弱之處呢？

也或許你們已經結婚，兩人世界的運作很美好，可能就會思考，當變成三人世界之後，會不會就失去了兩人世界的美好呢？我們可能都聽過長輩說：「生個孩子家庭關係會變好，有些原來在意的問題，可能就變得沒那麼在意了。」然而在孩子真的出生後，伴侶或夫妻之間需要解決的問題會是增加的，例如孩子教養觀念、共親職程度（coparenting）、工作與家庭時間分配等等。因此生孩子對於夫妻關係的挑戰，其實是有增無減。如果在孩子出生後，又因為缺乏體力、時間與心理上的餘裕去溝通時，對於夫妻之間的親密關係就會有負面影響。

因此，在發現懷孕之後，如果伴侶之間能思考並聊聊以下幾個層面的想法，就可以增進彼此的了解或形成共識，這對於孩子出生後的生活狀態與關係本身，會有很大的幫助：

1. 工作與家庭時間的分配。
2. 如有托嬰需求的接送方式。
3. 孩子夜間照顧的互相協助。

4. 計算可能的支出與責任分配。
5. 情緒不佳時的表達方式與需要的修復方式。
6. 與雙方長輩的溝通模式。
7. 兩人世界的保留計畫。
8. 保持接受各種變動的彈性。
9. 記得表達愛與感謝。
10. ＿＿＿＿（寫下妳所想到的其他層面）

在第一孕期開始思考上述這幾大層面，妳和伴侶之間就會有足夠的時間可以溝通與認識彼此，這有助於降低妳在懷孕初期對於未來的疑慮。

告知家人與朋友

我們常常會聽到一個說法：懷孕三個月前不要說，因為還不穩定。要不要告知家人與朋友這件事，其實因人而異。一個很重要的觀點是：怎樣會讓妳比較自在且感到安全。如果初期懷孕狀態還不穩，當妳的工作上需要他人理解並協助時，告知可以讓同事協助你，就是一種讓自己安全的做法。如果妳對於家人的理解是他們會關心到讓妳喘不過氣時，暫時不告知就是一個讓自己感到自在平靜的方式。如果這個孩子得來不易，妳可能會有更多的猶豫，一來很想和家人與好友分享妳的感動，二來如果對於失去有更強烈的擔心時，對告知家人與好友就會有遲疑。這個時候，可以選擇告知能夠理解妳的感動與一路以來的努力，以及可以放心說心裡話的對象。

別忘了，寶貝自己的心情，也是照顧身體的一個方式。讓妳覺得安適，就是最好的照顧。

懷上雙胞胎或多胞胎

到底懷上雙胞胎或多胞胎是不是一種一勞永逸呢？我相信過來人一定會對妳說：「是數倍以上的累！」不論是因為試管療程還是自然受孕，得知自己懷上雙（多）胞胎的感受，喜悅是雙倍，但不確定感也會是強烈的。「到底要如何一次照顧兩個嬰兒呢？」「我需不需要或能不能找到幫手呢？」各種因為照顧所帶來的擔憂席捲而來。

除此之外，由於雙（多）胞胎的孕婦，人類絨毛膜促性腺激素（hCG）會較單胞胎的孕婦為高，所帶來的初期不適感也會較顯著。得知懷上雙（多）胞胎的那一刻，可以練習告訴自己：「我有一整個孕期調適與收集資訊，慢慢來。」讓不安可以逐漸被安撫，再陸續收集有關雙（多）胞胎的懷孕相關知識與經驗。透過各種知識與經驗的收集，會慢慢形成「我可以的」的信心，為即將成為媽媽的自己注入力量。第三孕期的章節我們會來談關於身體負荷的調適。

各種身心狀況的調適

第一孕期的各項檢查

第一孕期有不少需要進行的檢查，自二〇二一年七月起，健保補助的產檢次數從十次提高為十四次，也新增了貧血檢查、妊娠糖尿病篩檢，以及提高至三次的一般超音波檢查。除此之外，仍有些重要的自費產檢項目，包含第一期唐氏症篩檢、脊髓性肌肉萎縮症基因篩檢、子癲前症篩檢等。

在懷孕初期聽到這些檢查，可能會覺得資訊量很多而不確定該如何取捨，建議可以先收集個人與家族成員的疾病史，並考量經濟容許的範圍，和產檢醫師進行討論。例如有甲狀腺功能異常的孕婦，可以進行甲狀腺功能的篩檢，減少早產或習慣性流產的風險。其中唐氏症篩檢則是高度建議要進行的項目。

孕吐噁心

根據統計，有五〇％到八〇％的婦女在懷孕過程中經歷過孕吐，大部分的孕吐會在十二週前停止，但仍有部分孕婦的孕吐時間拉得比較長，症狀嚴重者稱為妊娠劇吐，輕微者則稱為妊娠嘔吐。孕吐噁心是第一孕期孕婦最難熬的症狀，許多孕媽咪會說：「吃什麼都一樣，因為等一下就出來了。」需要上班的職業孕媽咪可能需要隨身攜帶嘔吐袋。因應方式是嘗試各種食物後找出比較不會吐的食物，或是能夠止吐的味道。

根據國民健康署《孕婦健康手冊》中的說明：孕吐的原因與孕期荷爾蒙的改變及代謝有關，有時心理因素、空腹也可能造成孕吐，通常在懷孕三個月後會自然減輕。

孕吐期間可試試下列方法：

1. 起床前先吃些蘇打餅乾、白吐司或穀類食品後，再下床。
2. 避免在用餐時喝湯或喝水。
3. 少量多餐、避免空腹，可在兩餐間補充食物。

4. 避免油膩、不易消化或調味濃烈的食物。

5. 孕吐後用開水漱口，去除噁心的味道。並可喝少許水，將胃酸沖離食道，以減少食道灼傷的機會。

在心情方面，有些孕婦會因為無法控制的嘔吐而導致鬱悶厭倦的感覺，處理孕吐所帶來的負面感受，有以下三點建議：

✔伴侶的陪伴

在懷孕初期，由於寶寶在媽媽的肚子裡，準爸爸還不太能夠跟上孕婦在身體上的需要，僅能用觀察的方式來感同身受。這時，伴侶的陪伴格外可貴。這裡的陪伴是指需要站在孕婦的角度去同理她的需要，如果孕媽咪對於氣味比較敏感，會引起不適，可在飲食與居家用品的使用上進行調整。如果孕媽咪對於進食又要吐感到很氣餒時，不用刻意力勸進食，可以在孕婦有食慾時，一起品嚐她可以接受的食物。

曾經聽過孕媽咪抱怨在她抱著馬桶大吐特吐時，先生正在吃氣味很濃的鹹酥雞，雖然知道先生的確可以吃他想吃的東西，但心裡就很不是滋味，彷彿所有的不舒服只有自己在經歷。這時我會鼓勵孕媽咪把自己的感受和需要向伴侶訴說。例如「老公，我也很想和你一起吃鹹酥雞，也知道你想吃，但我現在吐成這樣，你知道嗎？想吃卻不能吃其實是很沮喪的。」**把感受說出來，而不是指引別人應該怎麼做或不該怎麼做，在溝通過程更能增進理解，並且能減少衝突**。

二〇二二年八月，衛福部也推出了《爸爸孕產育兒衛教手冊》，讓準爸爸更能發揮自己的角色，陪伴準媽媽，也做好成為爸爸的準備。可在「健康九九」網站下載。

✔運用專業心理協助

許多人可能覺得孕吐撐過去就沒事了，但在許多研究中發現，持續性的孕吐噁心會和產後的憂鬱與焦慮情緒有關。因此，如何協助孕期婦女度過孕期的噁心嘔吐症狀，會是幫助孕期與產後心理調適的重要介入點。然而，臨床中鮮少遇到因為孕吐症狀來尋求心理協助的孕婦，大部分孕婦會以「忍過三個月就沒事了」的心態進行調適。

英國凱特王妃曾接受訪問，分享自己育兒的心情，她曾提及懷孕時她出現了嚴重孕吐，要靠冥想和深呼吸的方式去調適。在二〇一五年發表的一篇研究中，發現運用藥物治療搭配以正念為基礎的認知行為療法，相較於單純只用藥物治療的對照組，在噁心、嘔吐、焦慮指標分數、憂鬱指標分數、對於身體狀況的在意、對於生產的顧慮，都有較好的效果。[3]

我自己在臨床上曾經嘗試使用正念療法來協助被孕吐困擾的個案，幫助個案在當下能感受到平靜與舒心，紓解不時被初期症狀困擾的身心狀態（關於正念呼吸的部分，可以先翻到第五章第三孕期的部分閱讀）。正念是一種生活的哲學與態度，當我們越能反覆練習，越能成為生活的一部分。此外，我也曾帶著孕婦進行正念呼吸，再加入給身體的感謝與祝福。學會了正念的概念與實踐，孕婦在整個孕期的過程都能夠自我關照。

以下是一個正念和身體共處的練習，妳可以掃描QR code，閉上眼睛，聽取音檔來練習：

現在請妳坐著，維持一個直立但舒服的姿勢，讓妳的腳四平八穩地踩在地上，也讓椅子可以完全地接住妳的身體。接著，請妳把注意力放在妳的呼吸上，好好地吸氣，好好地吐氣。妳注意著呼吸，注意著身體的起伏，妳和呼吸、和身體在一起。

透過呼吸，已經讓妳的感官、注意力，都和此時此刻在一起了。現在，我想要請妳挪一部分的注意力，感受一下因為懷孕所改變的身體。

我想請妳去感受一下妳的子宮，它正在進行一項偉大的任務，孕育妳的寶寶，這對子宮來說，是它的一個功能，也是一項挑戰。請妳感受妳的子宮，謝謝它和妳在一起，一起承載著新生。

接下來我想要請妳把注意力放到腹部上，感覺一下妳的肚子，這陣子因為反胃噁心的緣故，妳常常感覺到的，是不舒服，是翻攪，是不平靜。然而肚子，和妳一樣，繼續維持著它每天的運作，消化食物、提供養分。請妳感受一下妳的腸胃，撫慰它們這陣子的辛苦，謝謝它們的努力。

請妳一邊持續地呼吸，一邊地把注意力放在妳的身體上，在我們不舒服的時候，我們只會想到要拋棄這些不舒服，因為所有的注意力都被「不舒服」占滿了，我們會很想轉移注意力，忽略身體的感受。而現在，是我們真正把注意力放在身體上的時候。當妳注意著身體，妳可能感覺到原來妳一直用力著，原來妳一直緊縮著腹部。這些發現，都是正常的，因為那是我們隱忍不適的方式，所以妳可能發現，身體就算沒有被噁心嘔吐干擾，也處於緊繃的狀態。

因此現在我想請妳持續把注意力放在身體上，可以的話請放鬆緊繃的部位，然後謝謝妳的身體，所有的承擔與負荷，都是身體的努力。

大部分的時候，我們用大腦和外面互動，我們覺察到大腦的種種活動所帶給自己的知覺與感受。但我們鮮少注意到身體，除非當身體發出不舒服的訊號時。我們可能因為把心思放在大腦的活動上，而忽略了身體這些負荷。透過把注意力放在身體上，讓我們可以溫柔地與身體共處，不是忽略也不是無視，這是我們的身體、我們心的住處。**當我們把心思放在身體上時，一方面可以放鬆潛在的緊繃，一方面可以把心思拉回來，不再被外在各式各樣的訊息引領著、飄移著。**

✔ 幽默與正向觀點，但有疑問時需諮詢醫師

可能許多孕媽咪都聽過這種說法：「會孕吐的話，代表寶寶比較聰明。」也可能聽過：「會孕吐的話，代表寶寶越健康。」當然，這些說法都不見得經過研究證實，但療癒了被孕吐所苦的心情。曾經聽過有孕媽咪對我說：「我都安慰自己，那表示我吃下去的垃圾食物，不會被寶寶吸收，又可以療癒到我，多好。」無論如何，孕吐都是懷孕過程中正常且因人而異的反應。然而當所有不適症狀、當時間與強度讓妳有疑問時，建議可諮詢婦產科醫師。如果孕吐嚴重，以至於到頭暈、電解質不平衡，或是嘔吐超過二十四小時等，都一定要就醫尋求幫助喔！

疲憊感

部分孕媽咪會在這個時期感覺昏昏欲睡，可能晚上坐在客廳就不自覺睡著了，或是白天覺得悶悶累累的，打不起精神。在懷孕期間又會想要避免咖啡因，不能用茶或咖啡來提神。在工作中無法集中精神的感覺，真的會蠻痛苦的，也會擔心影響到工作的成效。這時我們有哪些應對方法呢？

✓將片段的休息帶入生活中

首先，我們可以先了解，這些疲憊感是因為生理變化的影響。因為懷孕期間黃體素會急速上升，如果還有孕吐影響進食，就會讓孕媽咪感覺更沒有力氣。因此，在懷孕初期會需要更多的休息。孕媽咪不妨可以把休息切割成幾個小片段，例如本來沒有習慣午休的話，就讓自己在中午小睡片刻，或是下班後、晚餐前後也可以讓自己稍作休息。

如果在懷孕前就有不易入睡的問題，或是懷孕後變得較難入睡的話，盡量讓自己在晚間的休息時間不要太長，以免影響到夜眠的品質與第二天的作息。當然，如果妳的疲憊感可讓妳從晚餐後一覺到天亮，就不妨讓自己的生活作息配合身體的狀況，下班後可以先沖澡或早點用餐，準備夜眠。

✔調整心態與尋求支援

懷孕初期的疲憊，常常不是用意志力就可以控制的，可能會讓一些在工作上求好心切的孕媽咪感到挫折，擔心無法處理好重要的任務，或是疲憊到無法完成部分工作，尤其需要久站、輪班，或是大量專注力的工作型態，對於懷孕初期的女性工作者來說是很大的挑戰。

在這個階段，會需要調整一下心態，在工作上也許未能盡如己意，但那是因為身體正在負荷另一個生命，而不是自己辦不到。同時也需要讓職場同事了解自己的身體狀況，才能獲得必要協助，例如無法配合輪夜班工作，或是需要調整勞動時間等。

二〇一五年《女性勞工母性健康保護實施辦法》正式上路，並在二〇二一年三月開始，從原先三百人以上之企業，調整為一百人以上之企業就需要訂定母性健康保護計畫，必須對母性健康有危害之虞的工作，採取作業場所危害評估，並依評估結果實施分級管理措施。同時也要對於懷孕中或分娩後未滿一年的女性勞工，由醫師進行面談評估，再依據建議調整工作與健康保護措施。

部分懷孕女性可能會擔憂，如果因為自己懷孕，使得同事需要負荷較多的工作量，會影響自己在職場上的人際關係，也可能讓自己的績效評比變差。這樣的事件可能大家都略有所聞。懷孕女性可能會有一種無奈的感受：「我也想要在懷孕的時候好好照顧寶寶，但工作就是這麼多。」「我懷孕就是麻煩到同事。」「一懷孕時我就認命，今年的考績不會太好了。」

我們一直期待透過各種職場母性健康的推廣，讓職場女性在孕育下一代的同時能無後顧之憂，一來是更確保孕媽咪的身心健康，二來也更能提高育齡婦女生育的意願。照顧下一代是一個全方位的投入，更是一份挑戰，成為父母的準備包含內心狀態和外部世界，內在包含本身的心態建立、教養概念與溝通意願等；外在則需要整個大環境對於育齡父母的需求能有更多的涵容，包含試管嬰兒補助、孕產期的身心照顧、托育協助等。

"Happy mom, happy children, happy family." 在母性健康的照顧上，職場與社會環境的友善，照顧到的將是整個家庭與我們的下一代。

焦慮不安，不確定感

第一孕期是在懷孕過程中會有較多不確定因素的時候，包含胚胎著床位置、著床穩定度、是否發展出心跳等。此時部分孕媽咪會經歷到早期出血的症狀，這讓孕媽咪感到不安。此外，若過去經歷過孕產期的創傷，包含流產、產後大出血等，都會影響到第一孕期的情緒穩定度。「這一胎會不會安全呢？」「會不會又出現什麼問題呢？」為了消除這些不確定感，許多人常會一直想（臨床上稱為「反芻思考」，簡稱為「芻思」）、不斷上網找相關資料，或是把擔心向有經驗的人訴說，希望能夠得到一個讓自己比較寬心的答案。

上述都是我們面對不確定感時會出現的反應，出現這些不安與行為反應，都是很合理的，然而透過不斷地想，不僅無法安撫自己，反而會讓心思更亂。在這個時候，可以拿出一張紙，把自己的擔心寫下來，通常我們在腦中思考很多也很雜，透過書寫，一方面有整理思緒的效果，另一方面也可以透過書寫的動作，讓自己緩下來，專注於書寫並且穩定心情。

妳可以翻到媽媽心語手冊，仿照下表的格式書寫，包含擔心的是什麼、擔心的原因，以及可以讓自己放心的理由。

除此之外，許多孕媽咪在擔心時就會去查網路資訊，目的除了「查」之外，其實是希望能看到安穩自己心情的內容。然而，如果沒有看到能讓自己放心的資訊，就會不斷地查詢，導致更焦慮。因此如果出現一些特殊的生理症狀時，例如腹痛、出血顏色變紅，甚至暈眩等症狀，就需要尋求專業醫師的協助，而不是先上網詢問網友的意見。畢竟每個人的身體狀況不同，網路也無法隔空問診，他人的經驗無法完全應用在自己身上，詢問產檢診所的醫療人員才能得到完整的協助。

可以放心的原因	擔心的原因	擔心的是什麼
上次產檢醫生說目前都正常	褐色出血還沒有停止	胚胎會不會順利長大呢？
我擔心時就多躺躺	我一直需要移動會不會影響到著床穩定度？	胚胎是否有穩固著床？

心理師給妳的小紙條

1. 親愛的，恭喜妳懷孕了！妳正和一個生命緊緊連結著，在身體、在心裡。在這個章節我們學會了：
   - 所有的感受，都有它的原因，沒有對錯，只需要去理解。
   - 第一孕期，很多身體不適都讓妳很有感，請好好照顧自己的需要。
   - 伴侶的支持和正確的醫療協助都很重要。
2. 準媽媽可以下載妳喜歡的孕期APP，來幫助自己做孕期的紀錄。以下羅列一些比較受歡迎的APP作為參考（皆提供iOS和Android系統下載），當然，也非常歡迎妳用媽媽心語手冊來做紀錄。
   - 280 days：介面可愛，伴侶一起下載可以共享，也可以印出製作成書。
   - 妊娠．Sprout：特色在於有對應寶寶週數的模擬3D超音波圖。
   - Baby Mine：提供有出處的衛教資源，以及定位相關資訊，例如附近的哺乳室。
3. 請翻到媽媽心語手冊，和自己聊聊天。

1. 台灣青少年成長歷程計畫相關內容··https://pansci.asia/archives/175595
2. https://www.ndc.gov.tw/nc_708_28179
3. Mahbobeh Faramarzi, Shala Yazdani, Shahnaz Barat, A RCT of psychotherapy in women with nausea and vomiting of pregnancy, Human Reproduction, Volume 30, Issue 12, December 2015, Pages 2764–2773.

CHAPTER 4

寶寶的存在變得立體

給第二孕期的妳

聽說神無處不在，所以創造了媽媽。
媽媽這個詞，只是叫一叫，也覺得觸動心弦。

—— 韓劇《請回答1988》

寶寶安住著

從領到媽媽手冊的那一刻，我們就和寶寶一起進入了一個安穩的階段。第二孕期是從懷孕十三週開始到二十八週，在這段期間，我們會逐漸感覺腹部的隆起，約莫在懷孕二十週左右，會感覺到胎動（經產婦則會較早感受到。懷第一胎稱為初產婦，第二胎以上稱為經產婦）。因此在第二孕期中，我們對於懷孕的感覺會更真實。這段期間是懷孕過程中最舒適的時刻，因為身形改變的幅度不會像第三孕期這麼大，身體因荷爾蒙變化所帶來的孕吐噁心、嗜睡等狀況，也會逐漸改善。因此在第二孕期中，對於孕婦的身心挑戰比較小，很適合在這段期間進行一些寶寶出生之後的安排，例如採買育嬰用品、布置嬰兒房等，也可以用這個時期享受身為準媽媽的各種體驗。

性別揭曉

在第二孕期我們會知道寶寶的性別，有可能和期待相符，也有可能不符。有可能妳期待的是女寶寶，因為對於怎麼照顧和自己生理性別不同的寶寶感到不安；也有可能我們意識到自己需要符合家族傳統的期待，希望能夠懷上男寶寶，以減低期待所帶來的壓力。

有關重男輕女的傳統思維，到了現代社會有改變嗎？許多成年女性會在諮商的過程中，和我談起從小到大原生家庭重男輕女的現象，小至做家事的分配，大至家中教育資源的分配。而到了父母老邁後，女性又常常擔任照顧者的角色，或是在父母身後財產分配上，主觀感受到不公平。

在聯合國的統計資料中，出生性別比男比女大約是一〇五比一〇〇。而在台灣，內政部民國一一〇年的統計資料顯示，出生性別比男比女大約是一〇七．一五比一〇〇，顯示台灣出生男女比的差異仍高過於全球平均。另一項統計資料則是第三胎的男女比，即使在民國一〇〇年開始禁止篩選性別的措施，一〇〇年到一〇五年的男女比均落在一．一一以上，仍可以看到期待生出男孩的趨勢。好消息是，這個趨勢的確有因為時代的演進逐漸在改變，讓每一個降臨的生命，不論生理性別為何，都能一樣被珍惜。

新手爸媽面對寶寶的到來，都會有很多想像。例如寶寶是射手座所以個性很活潑、寶寶會不會長得像胎夢裡的模樣、寶寶每次在我喝完飲料都動得很厲害，長大應該是個飲料咖……。我們對於寶寶想像的內容裡有愛，當然也有期待。因此我們需要去區辨，這些期待是屬於我們自己的，不該加諸於寶寶身上，即使期待的是不同性別，而我們成為父母的旅程，就是從懷孕的過程中練習和自己的想法對話，不論是男寶或女寶，都是自己的孩子，都是獨一無二的。

和伴侶的溝通

在第二孕期中，我們會開始著手安排寶寶食衣住行相關的配備，也可能會需要更動家庭的硬體配置以及作息與交通上的變動。這時伴侶之間會開始依據自己的教養關念來進行安排，因此溝通變得非常必要。例如嬰兒床該放在獨立的房間還是主臥室？如果放在主臥室的話會用什麼方式布置？需不需要購入嬰兒提籃？誰負責接送小孩來往托育處和家裡？此時會反映出兩人對於照顧孩子的想像與期待。

準爸媽兩人在長大過程中被養育的經驗以及聽取他人分享的內容，都會影響到各自對於寶寶該怎麼照顧的態度。可能一方覺得「胎教音樂沒有用吧」，而伴侶卻覺得所有能對寶寶好的都應該試試看；可能一方會說「我爸還不是用機車載我到大，也沒怎麼樣」，另一方卻覺得基於安全的理由，一定不能用機車載寶寶。**如何在意見分歧的地方，透過溝通來決定各種選擇與做法，會是第二孕期中新手爸媽可能面臨到的任務**。

在溝通的過程中，伴侶可能會開始發現彼此過去不認識的部分。在沒有孩子之前，我們都不會完全知道自己成為父母是什麼樣子。即使在懷孕的過程中，我們對於自己成為父母的想像，也不會和孩子出生後我們作為父母的展現完全一樣。因此在這個階段中，伴侶雙方都需要去聆聽自己，也需要去聆聽對方。聆聽自己為何在某些點上堅持，並且和對方說明理由，例如在汽車座椅上的需要，是因為有大量數據顯示這是保護嬰兒在行車交通時的安全；也聆聽對方為何在某些點上無法讓步，例如希望嬰兒在另一張床上睡覺是因為避免被大人壓到，以及自己也好害怕睡眠被干擾。**如何不斷地聆聽對方，共同思考可以調整的方式，並且不讓解決問題的方式簡化成只能二選一**，將會是第二孕期開始到成為父母的過程中，不間斷的功課。

心理師和妳分享

解決問題時跳脫思考框架

人性常常讓我們把問題解決的方向，偏離了我們想要解決問題的本質。在《你問對問題了嗎？》一書中提到重組問題框架的概念，也就是詢問自己：「我們想解決的問題到底是什麼？」

以伴侶之間的溝通來說，假設今天準爸媽在討論：「要選擇剖腹產還是自然產呢？因為不想要不知道什麼時候要生的那種不確定感。」因此這個問題也許可以被重新定義：「怎樣可以讓準爸媽心裡更有控制感？」如果是選擇自然產，就是把待產包提早準備好，並將陣痛落紅時的行動步驟都想過一遍；如果是剖腹產，因為日期訂了也會有變動的可能，因此把剖腹產與自然產的流程都熟悉後，才會真正讓自己心裡面更有掌握感，而不是僅僅在生產方式上做選擇就好。

這就是我們上一段所說，我們可以不要讓問題解決簡化成二選一，而是讓彼此都更清楚問題解決的目標是什麼。

把懷孕的消息告知大寶

如果妳是經產婦，也就是妳已經有一個或一個以上的孩子了，在得知懷孕後，妳可能會站在大寶的立場思考：老大有了弟弟妹妹會是怎麼樣的感受呢？會不會吃醋或感覺到被忽略？妳也可能會思考自己將怎麼分配心力給每一個孩子。這些疑惑首先會出現在，要怎麼把媽媽肚子裡有另一個寶寶的消息告訴大寶。

我們首先可以考慮的因素是大寶的年齡，年紀小的孩子對於媽媽懷孕這件事的理解有限，因此需要隨著懷孕的週數越來越大時，慢慢用大寶可以理解的話來告知，並且讓大寶有機會參與和肚中寶寶的互動，例如感受胎動、和寶寶說話。

此外，人們有個觀念是要大的孩子去照顧小的孩子，然而大寶對於手足的概念是陌生的，因此與其要大寶去「照顧」弟弟妹妹，**重要的是與弟弟妹妹「連結」**。可以和大寶說：「我們是一家人喔，我們會一起出去玩，你們都是我的寶貝！」避免強調大寶必須因為弟弟妹妹的出生而得更成熟懂事，也避免要大寶和弟弟妹妹分享玩具，這可能都會讓大寶覺得因為手足的存在，而感受到被剝奪或得要跟弟弟妹妹「不一樣」。同時，親戚家人也盡量避免「以後餅乾要分一半給弟弟妹妹了，怎麼辦？」這樣的玩笑。

即使孩子不見得能夠用精確的語言表達感受，但每個孩子都會期待爸爸媽媽完整的愛。只要能站在大寶的角度思考，就能讓孩子減少手足誕生後的不確定感。

胎動

約在懷孕二十週左右，準媽媽會感覺到胎動。如果說超音波是視覺的感動，胎動就是一種立體的連結感。準媽媽開始會去想像孩子的每一次動作，是不是好動的孩子？是不是貪吃的孩子？對於古典樂特別有反應？在心理學的觀點中，母嬰關係從受孕的那一刻就開始了。也因為身體的連結，母嬰之間的互動早於父親。在第一次的胎動之後，準爸爸就可以開始和寶寶呼應著，也會讓準爸爸更能在心態上準備好成為一個父親。

第二孕期開始，產檢的頻率為四週一次，會讓原先就比較焦慮的孕婦，因為在意胎兒的健康卻又間隔比較長的時間才能產檢，因而對於胎動的次數非常敏感，深怕自己不留意就沒有注意到寶寶的訊號。建議準媽媽可以請教婦產科醫師，了解正常範圍的胎動頻率為何，讓自己在孕期中得以留意而不用一直擔心。

生活計畫與旅行安排

離開了身體不適的第一孕期後，準媽媽的身體會舒服很多，很適合在這個階段安排一下接下來的生活進程，搬家與旅行都很適合在第二孕期進行。除此之外，準媽媽也不妨在這個階段學習一些自己感興趣的事物，作為孕期的身心調適方式之一，甚至這些可以在孩子出生後，閒暇之餘讓成為母親的妳，感覺到擁有自我的方式。

本書第一章提到正向心理學PERMA的概念，其中「全心投入」與「成就感」會讓人感覺到滿足。例如有許多準媽媽在這個期間開始接觸瑜伽，練出興趣並養成習慣後，就變成了在寶寶出生之後，讓自己可以運動並且平靜自己的方式。

身體的樣貌

懷孕，可能是大多數女性在成年之後，身體樣貌改變最多的時候。即使在準備懷孕的過程中，有意識到體重會上升，原本緊實的肚皮會變得鬆弛，但面對實際身形開始改變時，仍會需要適應。如果原先的妳對於身形就十分注重，會花許多心力維持理想身形，那麼就**需要在孕期對身形建立合理的期待**。

根據衛生福利部孕產期營養手冊，孕期體重增加有明確指引（見下表）。在整個孕期中，攝取足夠的營養與適當的運動，是有助於孕婦及體內寶寶健康的重要原則。BMI在一八．五到二四．九的女性，第二孕期和第三孕期每週建議增加〇．四到〇．五公斤。

每一位懷孕女性的身體狀況都是獨特的，因此妳的體重增加可能在標準內，當然妳也可能體重增加幅度很快，這時我們需要先做的事情是在每次產檢時，確認自己的生理指標，例如尿蛋白、尿糖與血壓等都是正常的，並且可以和產檢醫師討論妳的飲食與運

孕期體重增加建議

懷孕前的BMI 體重（公斤）÷身高平方（公尺）	建議增加體重公斤數	第二孕期和第三孕期每週增加公斤數
<18.5	12.5~18	0.5~0.6
18.5~24.9	11.5~16	0.4~0.5
25.0~29.9	7~11.5	0.2~0.3
≧30.0	5~9	0.2~0.3

資料來源：衛生福利部國民健康署孕期體重增加指引、美國婦產科學會

動習慣，醫師會給予妳適當的建議，或是轉介營養衛教諮詢。透過專業的醫療協助妳維持健康，也減少必須靠自己控制身形的辛苦。

當然，妳也可能期待自己體重增加越少越好，希望自己體重增加的幅度低於醫療建議。也許我們需要留意內在的信念，如果在懷孕過程中經常被體重「不夠理想」所苦，就需要替自己的感受做一些事。妳可以停下來，問問自己幾個問題：

- 我的體重是真的失控了，還是我害怕變得失控？
- 我對於體重的擔憂，源自於何

處？

- 我對於體重的擔憂，和生命中的哪些人有關？

妳可以試著把這些答案寫下。如果妳第一題的答案是「害怕失控」而非在數值上的失控，第二題和第三題的答案有助於妳思考：對於身體的意象是否和妳喜愛自己的程度緊密相連？而身體意象和自信的連結，是否和過去的某段挫折經驗有關？如果答案為「是」，那我們需要和自己對話。告訴自己：「我正在經歷一段神聖的經驗，孕育一個生命，那會需要母體在身體和心靈上大幅改變，這個改變是必然的，而並非完全不可逆。」此外，也需要告訴自己：「這是我的擔憂，而非真的發生了。」區分「擔憂」和「真實」，是一種很實用的認知調整方式，讓我們知道擔憂只是自己的想法，並非真實，我們可以不被擔憂控制。

我們甚至可以讓自己的念頭轉個彎——這是人生中妳可以很合理讓肚子不平坦的時刻，享受在均衡的飲食中，享受在感受自己所攝取的養分正在滋養著寶寶。讓自己保持健康的身體與心態，也體驗著不同於以往的自己。甚至很有可能，妳和寶寶這段連結的旅程，會改寫過去被身形影響的自信。**停下來和自己的感受對話，將會是一個自我接納**

的開始。

關於性生活

女性在懷孕之後因為荷爾蒙的改變，性慾的變化和對於性生活的想法因人而異；妳也很有可能，在性生活的態度上會和伴侶不同。如果懷孕的過程並不容易，或是在第一孕期狀況較不穩定的孕婦，對於性生活會更小心翼翼。妳可能會擔心過程會不會讓子宮收縮而影響到寶寶？妳甚至也可能會想像寶寶會不會知道爸爸媽媽正在行房？這些念頭都會影響到妳是否能在性生活中投入。同時，懷孕的過程也讓身體出現了變化，包含腹部的隆起、胸部變大、乳暈色澤加深，這些改變都讓妳更意識到自己將要成為母親，而無法純然用「妻子」的觀點感受自己的身體。而妳與伴侶是否能習慣因懷孕所帶來的身體改變，會是影響的因素。

如果妳與伴侶對於孕期性生活有任何顧慮，請諮詢醫師。一般說來，孕期仍是能擁有性生活的。然而重點在於伴侶之間對於性生活的期待，以及性行為的方式是否能夠互相體恤包容。例如當孕婦本身對於性的需求降低，對於身體的碰觸容易敏感而不適時，伴侶可以理解到這是因為懷孕生理現象所帶動的變化，並非僅以「拒絕」來看待。

孕婦本身也需要認識到自己的身體與心理，妳開始具備兩個角色──原先的妳以及成為母親的妳，然後聆聽這兩個角色的需求。例如妳可能有性慾但同時又覺得帶著寶寶行房有點不自在，這時妳可以和伴侶談談這些矛盾，也許伴侶可以安撫妳的不安，或是在進行性行為時能更緩慢與溫柔，配合妳可以接受的節奏與方式。透過溝通之後的理解，能讓彼此在性行為的過程中享受更親密的感受。

第二孕期的各項檢查

在第二孕期，孕婦除了公費的例行常規檢查外，也會有許多自費項目的檢查。其中重要的檢查包含了第二期唐氏症篩檢、羊膜穿刺檢查，以及高層次超音波檢查等（見下表）。面對這些檢查過程，準媽媽會有又期待又忐忑的心情，因此在產檢過程中，伴侶與家人的陪伴是很重要的。倘若面對結果有任何疑問，建議直接與產檢醫師詢問，不要逕自在網路上尋找他人的意見，專業的經驗與建議會是網路資訊無可取代的。

各項孕期重要檢查（非孕期全部檢查項目）

檢查項目	檢查時間	檢查方式	備註
第二期 唐氏症篩檢	15到20週	抽血	可合併第一孕期唐氏症篩檢結果作為參考指標
侵入性染色體檢驗 （羊膜穿刺）	16到20週	抽取羊水	可加做羊水基因晶片檢查
高層次超音波	21到23週	超音波	
妊娠糖尿病檢查	24到28週	喝糖水、 抽血	2021年7月納入補助產檢服務項目

終止妊娠

這是整本書中，我最難下筆的一段，腦海中浮現很多悲傷的故事。然而我還是把這段放進書裡，因為悲傷不會因為我們刻意忽略就不存在，卻有可能因為正視這些感受，而讓面臨相同關卡的心靈能感覺到被陪伴，就算只有一些些也好。

會需要決定終止妊娠，可能是檢查結果發現胎兒先天異常，或是發生胎死腹中的情況，也可能是因為孕婦本身生理因素不適合讓產程繼續。這時女性會面臨兩部分的難關，一個部分是抉擇本身，另一個部分則是面對流產手術的過程以及寶寶離開後的哀慟。

在某些胎兒異常的狀況下，孕婦與伴侶很難決定是否要終止孕程，例如當羊膜穿刺的結果顯示胎兒為唐氏症時，父母面對生與不生的後果該如何抉擇？這樣的難題從來沒有標準答案，而且兩邊的選擇都會是痛苦的。我希望妳不需要面對這個抉擇，然而當妳與伴侶不幸面臨這樣的難題時，請首先告訴彼此：「我們正在共同經歷一場艱難。」

當意外來臨，我們失去控制感，很容易想要去找原因，因為找到原因能讓自己彷彿擁有控制感。然而在找原因的過程中會有很多困難，一來很多時候胎兒的異常是無法確認原因的，二來在找原因的過程中，我們容易自責或責難對方。「會不會我年輕時懷孕就沒事了？」「是不是我過去做了什麼的現世報？」這樣的思慮在所難免，卻也無形之中加深了痛苦。悲傷出現的形式可能有很多種，可能有自責，以及對命運捉弄的憤怒。這麼多的樣態，就是因為寶寶是媽媽生命的一部分。很多時候不是我們做錯了什麼，而是無法決定和寶寶相遇的時間與方式，因而太難承受。當夫妻一起攜手面對共同的艱難，至少能感受到：我們不是孤軍奮戰，我們有彼此。生與不生的決定，會需要專業的觀點作為協助，在心理上也必須同時建立起「沒有絕對的對錯」來幫助夫妻一起思考。倘若最後決定要終止妊娠，需要練習好好地和寶寶道別。

決定終止妊娠前，醫師會評估週數、胎兒大小，選擇手術或引產的方式，對於孕婦在身體與心理上的衝擊也會有所差異，而在手術台上的道別，常是經歷過的人心中長長的悲傷。在寶寶離開後，身體需要調養的時間，心理也是。**在療傷的過程中，我們會需要時間，以及對悲傷的允許**。

我自己接受產科照會的經驗中，有一些剛經歷流產的女性會被家人叮嚀不能哭——

因為哭對身體不好，或是讓寶寶無法安心離去。關於這點，我會和個案說：「妳失去了妳的一大部分，甚至是全部，當然會哭泣。他曾經在身體裡和妳相連，但是他不在了，妳有多愛他，就會有多難過。」好好地悲傷，才能在心裡好好地和寶寶道別。

曾經歷過終止妊娠的個案，和我談起一種愧疚感：「即使時間久了，我很怕自己不難過了，我怕寶寶覺得我們忘記他了，忘記他曾來過這世界，如果連我們都忘了，那他就真的不存在了。」這樣的感受，其實完全可以理解，那融合著想念與不捨。我和這位個案談到：「想念的過程會悲傷，然而不悲傷了不代表不想念，而妳其實知道，妳不可能忘記寶寶的。」愛與想念，會因為時間，用不同的形式存在於我們心中。

而周圍的親友要怎麼表達關心呢？首先，盡量不要以「把寶寶生回來」作為安慰，因為**這樣的話象徵著只能靠擁有來療癒傷痛**。擁有與失去，都會是生命中必定發生的事，我們不可能一直擁有，也不可能一直不悲傷。除此之外，這樣的話語也可能會讓剛失去寶寶的女性執著於要把孩子生回來，而變成內在的壓力。親友可以給予的是一種不打擾的陪伴，讓失去孩子的她知道：如果需要聆聽與陪伴，我們在這裡。沒有趕快走出傷痛的催促，也沒有過多的建議，就是一種不打擾的陪伴。

心理師給妳的小紙條

這是個享受在懷孕的時期，妳可以因為身體的輕鬆，開始體驗當母親的美好。不論孩子的性別，他或她都會是妳用心愛著的孩子，因為妳是母親。

妳的身體開始有些改變，也帶動了心理狀態的改變。在自我認同上，妳開始練習融合原先的妳與成為母親的妳。妳將會觀察到很多變化，我們可以記錄這些改變，同時不要給予評價，只要如實描繪出這個新的自己。

CHAPTER 5

寶寶見面會倒數計時中

給第三孕期和分娩前的妳

妳可能不是準備得很完美的媽媽，但對孩子來說，妳是比任何人都好的媽媽。

—— 韓劇《產後調理院》

有感的身心改變

身體負荷

第三孕期也就是從懷孕二十九週開始到分娩的這段時間，寶寶在媽媽的肚子裡快速長大，子宮擴張會壓迫到胃部，準媽咪會因此感覺吃不太下或出現胃食道逆流，等到寶寶胎位逐漸下降，對於胃的壓迫才會減低。

隨著懷孕中後期開始，準媽咪逐漸需要托腹帶來協助支撐孕肚，減少腰痠背痛的產生。在行動上也會逐漸感到不便，容易感到喘或疲倦，部分孕婦因為恥骨疼痛會增加行動的困難，或是因為寶寶的位置頂到接近肋骨的地方而感覺疼痛。

除此之外，讓許多準媽咪最難熬的就是腳抽筋，特別是在半夜時，不僅疼痛也影響到睡眠。在後期，準媽咪在睡姿上會需要用側睡的方式，或是藉由月亮枕來減少因為孕肚壓迫所產生的不適。因此在懷孕中後期，準媽咪的睡眠品質可能會有變差的狀況。

要如何緩解身體各項負荷呢？一般來說，可以從營養、行動的姿勢以及舒緩的運動著手。衛生福利部《孕產期營養手冊》建議：「第三孕期的準媽咪要補充鐵質，因為母體會因生理變化而增加血液體積，在分娩時會大量失血而增加鐵質的耗損。在寶寶方面，需在胎兒時期預先儲存出生至四個月大體內的鐵質。而鐵質是製造母體及胎兒血紅素所需，因此建議所有孕哺婦女需要補充鐵質。一般人膳食中每一千大卡熱量僅含約六毫克的鐵，而孕產期需要量為每天四十五毫克，所以若要從飲食中攝取足夠的鐵質，需要比較費心攝取含鐵量高的食物。如果孕婦從飲食中攝取的鐵質嚴重不足，可以在醫師指示下，適時使用鐵劑補充。懷孕初期補充鐵劑可能會加重噁心的不適感，因此除非孕婦貧血，否則一般建議懷孕七個月後及哺乳期再補充鐵劑。」

除此之外，根據衛生福利部資料，鈣質缺乏只是造成腳抽筋的其中一個原因。因為隨著孕期體重逐漸增加，孕婦腿部負擔加重，若走太多路、站得太久，都會讓小腿肌肉的活動增多，使腿部肌肉處於疲勞狀態，因而引起腿部痙攣。因此，第三孕期的孕媽咪在走路與站立上的時間需要調整，讓自己的腿部不要處在過度負荷的狀況，並且補充鈣質，都有助於舒緩抽筋問題。此外，還有頻尿與便祕等問題，都會讓準媽咪期待趕快「卸貨」，希望寶寶出生之後，能夠擺脫身體上的不適。然而大部分媽媽，生完之後的感想是希望把寶寶塞進肚子裡，這就是既甜蜜又辛苦的負荷。

當然，除了在行動與運動上的調整外，也非常需要伴侶的體恤與協助。例如替準媽咪按摩舒緩、陪伴散步，都是關懷準媽咪身體和心理需求的具體行動。

第三孕期的各項檢查

在第三孕期中，從第二十九週到滿三十五週是每兩週產檢一次，從三十六週開始到生產是每週產檢一次，這之中會進行第二次梅毒檢測以及乙型鏈球菌篩檢。此外，因為胎位與胎盤位置，或是其他因素，會需要和醫師討論要自然產還是剖腹產，於是我們會需要了解自然產與剖腹產的差異，包含程序以及復原狀況，得以讓我們在心理上可以有所準備，並且有機會在後續的產檢中和醫護人員討論自己的疑問或擔心。

孕期憂鬱

臨床上我們會把分娩前後發生的憂鬱列入憂鬱症的其中一個分類，在《精神疾病診斷與統計手冊》第五版（DSM-V）中有提到：「有五〇%的產後憂鬱症事實上在產前發生……，研究顯示懷孕期的情緒和焦慮症狀和產後憂鬱（baby blues）一樣，會增加產後憂鬱症的風險」。憂鬱症的症狀包含情緒持續低落、對事情無法感興趣、飲食與睡眠狀況改變（例如失眠或睡太多、吃不下或吃太多）、對於自信與自我價值嚴重感到不足，甚至會有想要傷害自己的念頭。以上的這些狀況如果發生情形長達兩週，且發生在孕期，就很有可能是孕期憂鬱的表現。

如果妳在懷孕前曾經有過憂鬱症或其他精神診斷的病史，由於懷孕必須停藥或改變藥物時，請記得要和妳的精神科／身心科醫師討論，並且也可以增加非藥物治療的協助，例如心理諮商或調整生活方式，以減少在孕期生活中的壓力，有機會降低孕期憂鬱或其他精神疾患復發的風險。具體的行動包含：可藉由心理諮商來進行孕期的生活規劃，模擬生活中可能有哪些壓力事件發生，可以怎樣去思考與因應，作為孕期憂鬱的「情緒疫苗」。

孕期情緒調適並非只是為了預防憂鬱，也不只是為了當好一個母親才去照顧自己的心情，重要的是**讓女性更有意識地去成為自己情緒的主人**。**身心愉快不只是為了家庭，更是為了自己**。在前一章我們有提到，增加生活中的投入感，培養讓自己可以感覺到愉悅的活動，就是一種照顧身心的積極做法。當我們學會了照顧情緒的方式，將會是整個生命的禮物。

準爸爸的擬分娩症候群

隨著和寶寶見面的時間越接近，不只準媽媽會開始不安，準爸爸也會有心情上的變化。所謂擬分娩症候群（Couvade Syndrome）是指孕婦周圍的家人——通常最親近的就是伴侶——在生理反應以及心理上會有類似女性懷孕的症狀，包含噁心、焦慮、情緒不穩定、體重上升等。目前對於擬分娩症候群的原因尚不明確，部分研究認為是心理影響生理，也有研究指出和體內荷爾蒙改變有關，通常會在第一孕期和第三孕期較為明顯，也和準媽媽在身心負荷較大的時期不謀而合。

無論原因為何，這都顯示準爸爸內在的感受也需要被理解和支持。如果準爸爸出現這樣的症狀，請不要覺得自己奇怪，可以透過運動、投入興趣，或是與伴侶分享自己的感覺，甚至也可以和周遭同為當爸爸的友人談論準爸爸經，來調適心情。

生產倒數中

生產前的不安：準備「心理待產包」

從三十六週開始，產檢改為一週一次，也就是隨時準備要來迎接寶寶了。即將生產前，媽媽都知道要準備生產用的待產包：包含寶寶的紗布衣、集乳器、產後束腹等。通常在準備待產包的同時，心裡也會逐漸感覺踏實些。待產包到底應該要準備哪些項目呢？下頁表格作為參考，然而現在的醫療院所與產後護理之家都越來越能照顧到媽媽的需求，因此細項的部分可以詢問妳的接生醫院診所與月子中心喔！

即將要成為媽媽，妳的心理狀態是否也準備好了呢？準媽媽在懷孕後期到產前的這段時間，可以進行以下步驟來準備自己、安定自己：

生產待產包

自然產	剖腹產
產褥墊、免洗內褲、會陰沖洗器、哺乳內衣、羊脂膏、媽媽出院服裝與洗漱用品、擠乳器、溢乳墊、寶寶出院服裝與包巾	產褥墊、免洗內褲、會陰沖洗器、哺乳內衣、羊脂膏、媽媽出院服裝與洗漱用品、擠乳器、溢乳墊，寶寶出院服裝與包巾
	束腹帶、臉盆（因應剖腹產可能需要的躺床時間較久）

羅列各種生產焦慮

面對臨盆與生產，妳有哪些不安呢？

- 從破水到生產，我會不會來不及去醫院？
- 我好怕痛，陣痛和生產痛我會不會受不了？
- 打完無痛我會不會變得不會用力？
- 覺得一直要被看開幾指，好丟臉……
- 我會不會出力的方式不對，結果影響到寶寶？
- 我會不會最後要吃全餐（自然產產程過長，改採剖腹產）？
- 剪會陰好可怕……
- 一些可怕的問題例如產後大出血會不會發生在我身上？

妳可以把所有的擔心害怕寫下來（可以參考媽媽心語手冊），通常在寫下的過程中，可具體呈現我們心裡各式各樣的擔心，會比放在腦中更有條理。全部羅列完後，可以開始進行分類。分成兩大類：第一大類是需要與醫師做確認的，例如關於無痛分娩以及會陰切開術。第二大類是無法預期、難以由醫師解答的，例如害怕丟臉、害怕自然產變剖腹產等。具體把可以詢問醫師的問題問完後，我們接著來思考第二大類的各種擔心。

在第二大類的擔心裡，我們可以再問自己一些問題：這些擔心是怎麼來的呢？可能是聽別人發生過，也可能是妳前一胎的經驗。這時我們可進行三個步驟來安定自己：

✔ 告訴自己所有的擔心、害怕都是合理的

生產本來就是一件沒有控制感的事，特別是初產婦，這是人生前幾名的大事，更是完全陌生的情境，會擔心和焦慮，都是能想像的，不用批評自己也不用刻意壓抑，接受自己的不安。妳會發現當妳接受所有的負面感覺時，妳會坦然許多，即使那些不安還沒有答案。就算妳是經產婦，可能還是會對現在的情境擔心，妳也可能會因為前一胎生產過程的負向經驗而更擔憂。無論如何，**先讓自己接納各種感受。**

✔ 在這些問題的後面，寫下安撫自己的方式

在羅列下來的問題後面，試著跳脫自己的角度，想像自己是某個對妳來說有幫助的

過來人，可能是妳的某一位女性長輩，或是一位同為母親的友人，想想她們會怎麼安撫妳，然後把那些話寫下來。也可以試著告訴自己：「相信自己和寶寶會一起努力，也相信醫療團隊會在臨床上給予妳協助。」用妳習慣的方式，給予自己安定的力量。

✔和伴侶或能給妳安撫的對象分享感受

別自己悶在心裡。生產不是妳獨有的任務，妳的伴侶也在其中，家人也可能是妳的團隊。妳可以和伴侶或家人訴說妳的擔心，一同共度不安。當然，每個人的家庭都不一樣，不一定每個人的伴侶或家人都是神隊友。這時妳需要找能夠聆聽和理解妳的對象說話，有時把感覺說出來後，妳會發現自己並不孤單，原來自己的心情別人也有過，這在心情上會有很大的幫助。

如果妳的前一胎生產經驗對妳來說餘悸猶存，甚至到了創傷的程度。那麼這一胎在產前的擔心想必會更顯著。而從另一個角度來看，妳看到了自己有多大的勇氣，抱持著對生產的擔憂、照顧著大寶，同時也孕育著新生命。妳可以停下來問問自己：「這一路懷孕的過程，妳抱持什麼樣的信念決定再次面對？」不論原因為何，裡面都有妳的勇氣。謝謝自己的勇氣，謝謝身體的再次承擔，讓這些感受和不安共存著。勇氣不見得可以抵消焦慮，但那是妳的一部分，**當我們只看著焦慮時，我們會忘了勇氣的那一部分。請讓自己看到自己的全貌**。至於生產創傷的部分，第六章我們會再提到。

珍惜兩人世界的時光

孩子出生後，「伴侶」的生活會被「親職」給瓜分許多，甚至幾乎很難有兩人相處的片刻。因此，請在懷孕後期多享受互相陪伴的時光，也可以在陪伴的時間裡，請先生幫準媽媽按摩，減緩身體不適。此外，也可以在產前約定好，未來寶寶出生後還是要有彼此互相陪伴的時間。這樣的精心時刻會成為記憶點，讓寶寶出生後的手忙腳亂，能因為有伴侶的互相支持而感到安定。

職場準媽媽預演好工作界線

許多職場懷孕婦女都會工作到生產前最後一刻，在產前忙的不是替自己準備，而是將工作收尾或交接，甚至有許多媽媽會將工作帶到月子中心完成。一位身為護理師的準媽媽曾提到自己的感受：因為工作常常需要站著或走動，也會因為人力不足的關係必須繼續支援，然而這樣沒有休息的狀況，會讓她常常對寶寶感到愧疚，覺得自己好像為了工作、為了他人，卻犧牲了寶寶與自己。

在預產期前或產後，建議媽媽把「自己的時間」和「工作的時間」在行事曆裡一起考量，要完全放下工作也許有難度，但**當我們把自己的時間當成一個必備考量時，就比較不會被工作完全掩蓋**。當孩子出生後，我們的人生會跨足到一個不一樣的狀態，會不由自主地將自己投入在孩子與家庭上。雖然這是一個新的妳，但妳仍會懷念不用牽掛另一個生命的自由。因此，好好珍惜現在，不要讓自己被過度的責任感或職場中的越線要求所限制。

了解產後的忙亂並為自己打氣

在懷孕過程中，準爸媽會逐漸透過各種知識管道，了解到孩子出生後會有一段很忙亂的時間，請讓自己做好心理準備去承接。這樣的預備不是要戰戰兢兢，而是預先建立一些產後育兒的概念。例如：

- 如果要哺餵母乳，不一定會很順利，不要過度勉強。
- 寶寶不一定吃飽、換好尿布就不哭了，我會經歷一段要了解寶寶個性的過程。我和伴侶會睡眠不足一陣子，互相輪流休息會好一些。
- 寶寶不會抱了就立刻不哭，安撫需要一些時間，不一定是我的方式不對。

提醒自己會忙亂一段時間，同時也給自己打氣，相信自己能夠逐漸穩定與適應。這樣的心理準備，會是心理待產包裡的重要配備。

好好睡個覺

在懷孕後期，會因為生理上的各種不適，以及心理上的不安，而使夜眠品質變差，可能是入睡困難，也可能因為頻尿而中斷夜眠。根據二〇一二年台灣針對一千六百名孕婦的調查，發現有二二・五%的孕婦認為睡眠品質不好。[1]而在二〇一八年的另一個研究也指出，第三孕期婦女睡眠品質比第一孕期差，睡眠品質受孕期、活動量、憂鬱情緒及壓力知覺影響。[2]因此如何把握寶寶出生前的時期睡個好覺，是許多準媽媽的期盼。掌握睡眠品質的「四要一不要」，有助於讓準媽媽睡個好覺：

白天要活動

除非妳宮縮頻繁或有出血等現象，醫師建議安胎或減少活動，在正常情況下，第三孕期還是需要適當的活動量；適當地運動可以強健肌力以支持身體的重量，也能讓分娩的過程更加順利。而足夠的活動量與適當的日照，也都與提升睡眠品質有關。第三孕期的身體負荷很大，在運動上更需要視身體的狀況做調整，並接受運動專業人員的建議。

睡前要平靜

我們都有這樣的經驗：躺床時會想東想西，可能是想今天未解決的問題，或是明天的待辦事項，使大腦呈現停不下來的狀態，而需要較長的時間才能入睡。因此，建議有睡眠困擾的準媽咪，在睡前一到二小時盡量避免需要燒腦的事務，例如處理帶回家的公務，或去想明天的待辦事項等，才能讓大腦逐漸進入平靜的狀態。

可以在睡前聽一些能平靜自己的音樂或胎教音樂（這裡不討論胎教音樂對寶寶的效果，而是讓準媽媽放鬆用的）。此外，可透過一些呼吸練習幫助自己緩和心情，或是做一些簡單的伸展，都有助於睡前的放鬆。

擔心與待辦事項要寫下

如果妳在產前趕著要把工作完成並交接給職務代理人，妳可能會忙得焦頭爛額，很難休息放鬆。在睡前，我們可以先把未完成的事項和待辦事項都寫下來，建議可以用手寫取代用電腦或手機打字，因為透過書寫的一筆一畫，可以放慢動作與思考，同時也把擔心與盤算都先放下。寫完之後，就可以象徵性地把這些心頭上的事，放在本子裡，讓大腦可以在輕盈的狀態入眠。

要增加睡眠效率

當躺床的時間過長仍無法入眠時，可以先起身坐著，看點輕鬆的書或聽些讓自己感到舒緩的音樂，直到睡意較濃時再去躺床。通常當躺床時間超過半小時仍未入眠時，我們難免會焦躁，想著「怎麼都還沒入睡呢？」而一焦躁，也就更難放鬆入睡了。

在臨床上有一個名詞，叫做「睡眠效率」，這是什麼意思呢？我們可以看下面的公式：

睡眠效率＝實際睡眠時數÷躺床時間×一〇〇％

當睡眠效率越高，也就是總躺床時間和實際入睡的時間越接近，我們會感覺睡得越好；相反地，如果總躺床時間很長，實際入睡的時間卻很短，我們就會主觀感受到花了很久的時間才睡著，這就是所謂的低睡眠效率。

因此，我們可以記錄一下自己平常睡眠的時間，讓躺床時間和實際入睡時間接近一點，例如早上醒來後就不要賴床，或是晚上等到比較有睡意時再去躺床，都是增加睡眠效率的方法。在媽媽心語手冊中，也有睡眠日記的練習，讓妳更清楚作息與睡眠的關聯。

不要強迫入眠

當失眠時，我們常因為想著第二天的行程，而希望盡快入睡，以免影響到明天的精神。然而越急著入眠，卻更難睡著。因此當我們在發現自己難以入睡時，可以反過來告訴自己：「那我就保持清醒吧！」目的不是真的要妳去洗臉清醒起來，而是為了減少對於失眠後果的擔心。這是在失眠處理上的「矛盾意向法」（paradoxical intention），可用來減少急著入睡所造成的反效果，一旦我們對於能不能睡著越寬心，就越能夠入睡。

運用正念

不論是情緒上的不安或提升睡眠品質，正念的概念都能在生活中幫助自己平靜。首先我們來了解「正念」到底是什麼。正念的英文是mindfulness，字的前面mindful，也就是留意，意思是讓心念存在著，也有人翻譯成內觀或靜觀。很多人會以為正念就是要正面思考，其實兩者的內容和運作方式並不一樣。正念的意涵是**將意念放在當下——當下的身體、感受、知覺，就是放著，一起存在；對於自己的各種念頭和狀態，不壓抑也不**

下定論，允許所有意念在此時此刻和自己同在。

情緒的來源是什麼呢？情緒是跟著大腦裡的意念而生的，當我們對現下的遭遇有所判斷，就會出現情緒感受，不論是正面的或負面的。我們以下面的例子來練習就會更清楚：

- 週日出門爬山，但想到週一上班有哪些事情要完成、要見到哪些人。

  於是我的心情：＿＿＿＿＿＿＿＿。

- 我一邊在追劇，一邊在想家裡都還沒整理，但我就是不想動。

  於是我的心情：＿＿＿＿＿＿＿＿。

- Instagram上的朋友放了她健身有成的腹肌照，而我因為懷孕肚子很大。

  於是我的心情：＿＿＿＿＿＿＿＿。

以上這些是我們在生活中會碰到的例子。生活中我們很容易在當下這個時間點，計畫著甚至擔憂著下一個時間點要進行的工作；我們可能在某些時刻，對自己批判著，應該怎樣、應該那樣；我們也會在不同的人事物之間進行比較，於是「不同」就有了優劣好壞。每個時間點裡，我們的思慮決定了自己當下的感受。現在，可以靜下來想想，發生在妳自己身上的例子又是什麼呢？

如果把正念的概念運用在上述例子，我們也許可以轉換想法，認為在這個時間點，身體和心思是同在當下的，減少回想過去和擔憂未來；我們可以在某個時刻，學習不批判自己應該要如何，接受當下的自我狀態；我們也可以接受你我他之間的不同就是不同，沒有優劣好壞。因此，剛才的練習可以變成：

- 週日出門爬山，我把五感放在山裡的空氣、每一步的步伐，以及眼前的自然景色。
  於是我的心情：＿＿＿＿＿＿＿＿＿＿。
- 我在追劇時，心思都放在劇情的轉折與主角的狀態上。
  於是我的心情：＿＿＿＿＿＿＿＿＿＿。
- Instagram上的朋友放了她健身有成的腹肌照，而我現在肚子很大。但那是她的身體，這是我的身體，就是不同的狀態、不同的身體。
  於是我的心情：＿＿＿＿＿＿＿＿＿＿。

這樣的練習是不是讓妳更了解正念概念了呢？接著我們來討論，到底要怎麼做，才能把原先每天慣性運轉的腦袋，轉變為正念的身心狀態。我們可以從呼吸和行動做起。現在請跟著以下的步驟來練習正念，好好呼吸：

1. 找一個舒服的位置坐下，讓背可以靠著，雙腳踩在地上，這樣會讓妳的身體穩定被支撐著。
2. 先做幾次深呼吸，透過吐氣讓妳感覺身體逐漸放鬆下來。
3. 把注意力放在鼻子上，感覺吸氣的時候，鼻腔溫度是涼涼的；吐氣的時候，鼻腔溫度是比較溫暖的。把氣流一進一出的溫度改變當成定錨，讓自己將注意力放在呼吸上。
4. 如果妳很慣性地想事情了，這是很自然的，因為這就是妳平常的狀態，只是妳沒有靜下心來覺察到。現在，覺察到自己開始在想事情的時候，提醒自己把注意力回到呼吸上。輕輕喚回自己的注意力，而不是用壓抑的方式告訴自己不要想了。
5. 讓自己持續這樣的呼吸三到五分鐘，然後緩緩地張開眼睛，感受一下剛剛這幾分鐘妳的狀態。

寫下好好呼吸後的感想與心得

以上這五個步驟，就是透過呼吸讓自己的思緒和身體於此時此刻同在，不刻意停止或壓抑思考，自然而然地將注意力放在呼吸上。如果妳是第一次接觸到正念呼吸，可能會不太習慣，不太能靜下心來，或是感覺思緒一直飄來飄去，這都是很正常的。通常只要多練習，就能讓自己逐漸專注在當下。

我們可以好好運用正念概念在孕期中，**運用正念呼吸，將自己的注意力從憂慮中拉回，透過與當下的自己共處，並且不加以批判**，這就是接納的過程之一。例如當我們正在憂慮著生產過程中的每個步驟，這時我們可以留意到自己的思緒已經在未來，而非在當下，就可以透過正念呼吸，或是當下可以讓我們專注的活動，輕輕地讓自己離開憂慮，把自己的注意力不費力地拉回到當下。

這也可以運用在提升睡眠品質上，睡前可以讓自己先坐著進行正念呼吸，感受到思緒比較不會到處飄移、睡意也比較明顯時再躺上床去，這有助於提升前面提及的睡眠效率。

在第三孕期，身體的負荷很重，有時會被疲累感打敗，這時我們可以運用正念來連結自己的身體，聽聽看身體的每個部位和自己說些什麼。往往我們面對身體負荷的反應是想辦法忍受，或是忽略那些不舒服，覺得忍過去就沒事了，或是轉移注意力就好了。但這不代表我們在忍受或忽略時，情緒上就沒有負荷，反而是以為忍過了，但負面的感受卻累積了，這是一種壓抑，我們在後續章節會陸續提到情緒壓抑的影響。

用忽略或轉移注意力的方式來處理，我們的大腦和身體是斷線的，在正念的世界裡，可以讓大腦和身體重新接軌，我們把注意力放在身體上，感受身體在告訴自己什麼。妳可以去感受腰部的痠痛，把注意力停在腰部，妳可以試著放鬆腰部的肌肉，也可以感謝身體的承受。真實地讓自己和身體相處，不是忍受，而是關照身體。當感受到我們正在溫柔對待自己時，情緒也被照顧到了，不用忍耐，不用忽略，這是愛自己的真實行動。還記得第三章我們有練習和自己的身體在一起嗎？在這一章的更多說明，能讓妳知道和身體在一起的好處。

除此之外，我們也可以在生活中落實正念，例如吃飯時將注意力放在咀嚼，感受食物的香氣與滋味、行走時將注意力放在腳步上、運動時將注意力放在感受肌肉上，都是正念的實踐。有關於正念的研究與相關資訊非常多，章末注釋列出一些實用的資訊讓妳參考。[3]

心理師給妳的小紙條

- 這個月身體上的負荷很大，請盡可能地休息，安撫自己的身體是很重要的。
- 即將和寶寶見面令妳既期待又不安，不知所措時可以把這些感覺寫下來。妳會發現一字一句寫下後，會感覺平靜許多。
- 如果這是妳的第一胎，相信我，寫下這些日子的感覺很重要。往後在孩子的成長過程中，面對自己、拾回過往的自己會是一個暖心的過程。
- 請翻開媽媽心語手冊，和自己聊聊天。

1. 王立雯、黃曉令、葉坤傑、曹健民。台灣地區孕婦睡眠品質及生心理健康之研究。健康管理學刊，10(2)，166-177。
2. 劉玉湘（2018）。孕期身體活動量與睡眠品質、憂鬱及壓力的相關性。國立成功大學健康照護科學研究所。
3. 正念相關資訊：

*課程單位

- 台灣正念工坊：https://www.mindfulnesscenter.tw
- 華人正念減壓中心：https://www.mindfulness.com.tw/index

*影片

- 冥想正念指南，Neflix。
- 一行禪師答問：當此刻讓我感到難以忍受，我如何活在當下?：https://youtu.be/t5Ka2RS0UC4

*書籍

- Andy Puddicombe（2019）。Headspace冥想正念手冊（李芳齡譯）。讀書共和國。
- Mark Williams, John Teasdale, Zindel Segal, Jon Kabat-Zinn（2010）。是情緒糟，不是你很糟：穿越憂鬱的內觀力量（劉乃誌等譯）。心靈工坊。

CHAPTER 6

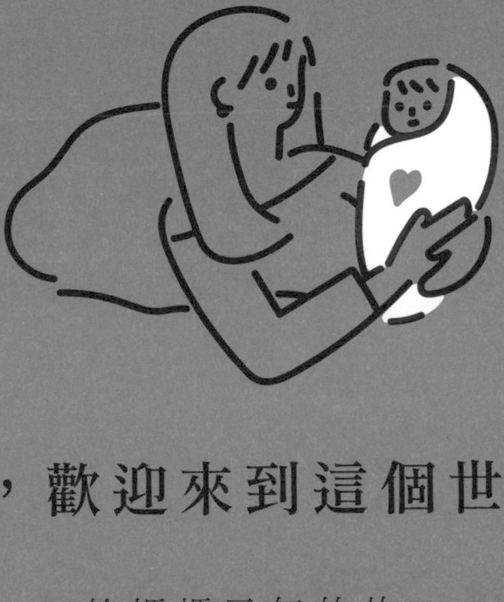

寶寶，歡迎來到這個世界！

給媽媽元年的妳

如果妳可以接受「寶寶是個蓬勃發展的小生命」這個想法，
妳就可以一面回應他的需求，一面從容自在地站在一旁欣賞小寶寶的發育，並從中得到樂趣。

——唐諾・溫尼考特，《給媽媽的貼心書》

生產過程與妳的感受

分娩疼痛

「痛是一種沒有辦法被分享的感覺。」這是有一回在上精神分析的課程時，老師所說的一句話。分娩痛是一種非常不一樣的痛。當我們身體受傷時，可以處理傷口或立即止痛，除了以無（減）痛分娩處理之外，分娩痛是必須一邊與疼痛共存，一邊出力的狀態。這樣的經驗，讓身為母親的女性一生難忘，即使隨著時間過去，但想起自己當時如何克服疼痛的感受，仍是深刻的記憶。

痛是一種很主觀的感受，情緒與肌肉放鬆的狀態，都會影響到個人感受到痛的程度。在懷孕過程中我們會學習一些方法來處理分娩疼痛，例如拉梅茲生產呼吸法、足月後使用生產球練習，或是會陰按摩。這些都是非藥物的方法，讓準媽媽在懷孕期練習，幫助自己減少在產程時的疼痛感。

而剖腹產的媽媽會在寶寶出生後，經歷到子宮收縮以及傷口的疼痛，這時可以用藥物止痛的方式協助。部分新手媽媽的傷口不適會持續較長的時間，建議在產後回診時諮詢醫師。

孕育過生命的痕跡

這些痕跡包含了子母線、妊娠紋，以及剖腹產的疤痕。子母線就是懷孕過程中出現從胸骨處延伸到肚臍再到恥骨處的黑線，和妊娠紋不同，妊娠紋是皮膚擴張的紋路。每個女性的體質不同，因此妊娠紋和子母線會留在身上的程度也不一。

我們在懷孕過程與產後，都會接收到一些美容產品與醫學美容的訊息，來幫助皮膚狀態的恢復。不論妳想要採用的方式為何，心理上都需要做接納的練習。我們在媒體上接收到各種訊息，包含美麗的孕期寫真，或是藝人懷孕宛如少女體態等新聞標題，都會影響到我們對於懷孕到產後身形的期待。

如何在保養之餘練習適度的接納是很重要的：當我們孕育過生命，身體和心理都會走入另一個生命的階段，這是一個接納改變與蛻變的過程，我們的身體一定會有或多或少的不同。當我們能接納自己的改變，也是在練習接納和我們不一樣的生命——我們的孩子。孩子有著和我們不一樣喜好、脾氣，也許在寶寶剛出生的時候妳還沒有明顯的感覺，但練習接納會是接下來在陪伴孩子長大的過程中，非常重要的課題。

鬆垮的肚皮和掉滿地的頭髮

最令產後媽媽困擾的，應該就屬腹部沒有懷孕前緊緻，以及在寶寶出生三到六個月後才會出現的產後落髮。有部分的新手媽媽，可能會因為身形難以回復和產後落髮的量，明顯影響到情緒，也會覺得生產對女性有好多不公平。這時，**尋找一個自己可以投入的運動是很好的辦法，可以同時幫助到身形回復以及情緒上的穩定**。然而新手媽媽可能會說：「我連睡覺都來不及了，怎麼可能還去運動？」一個可行的方式是選擇自己能夠投入的運動，包含感到有興趣以及便利的程度。現在有許多線上資源，可幫助新手媽媽減少時間和空間的限制來進行適合的運動，都可以作為參考。

運動的好處有很多，有在練跑或固定運動的人可能體會過「跑者的愉悅感」（runner's high），這是因為當我們進行長時間、連續、強度中度以上的運動時，大腦會開始產生腦內啡，讓我們感覺到愉悅感，而愉悅感又會增強我們繼續運動的信念。此外，產後媽媽會有「媽媽手」（醫學上稱為狹窄性肌腱滑膜炎。產後女性因懷孕末期荷爾蒙的改變，可能使關節與滑囊有輕微發炎的反應，再加上抱寶寶時持續用力不當，便容易患上媽媽手，會感到明顯疼痛和難以出力）或腰痠背痛的困擾，如果可以透過運動增加肌力以及學習正確使用肌肉的方式，可以減輕照顧寶寶所產生的身體不適。

而關於產後落髮，通常會持續數個月，因此會讓落髮的媽媽非常有感，也擔心自己的髮量是否會恢復。一般來說，產後落髮的情形緩解後，頭髮會逐漸生長，而營養的均衡攝取是很重要的。倘若掉髮問題太過困擾，可以諮詢皮膚科醫師，透過一些檢查來協助妳面對產後落髮的困擾。

母乳還是配方奶？親餵還是瓶餵？

關於母乳的資訊

關於母乳還是配方奶的討論，是產後媽媽十分關切的議題。哺餵母乳有其生物性的意義，讓物種得以用自然的方式繁衍與存活。到了現代社會，科技的發展讓人類的生存方式有更多可能性，當母親的角色更加多元，不再只是哺育與照顧時，配方奶的便利性成為選擇之一。

常聽到產後媽媽在詢問：「我到底該餵母乳還是配方奶？」如果妳也有相同的疑問，首先我們需要花一些時間熟悉哺餵的過程。妳可能在醫院、月子中心等地方已經嘗試過親餵母乳、瓶餵母乳或瓶餵配方奶，妳也可能體驗過用集乳器收集母乳的過程。體驗中我們逐漸會形成一些概念，例如我的產後生活適合哺餵母乳多久？或是我想要餵母乳多久？這些思考會包含一些因素，例如職業媽媽在集乳與工作上時間的分配、母乳量的多寡，以及在哺餵過程中的一些困難有沒有辦法被適當解決等，都會影響到我們的打算。

母乳的好處也許大家都知道了。世界衛生組織指出，母乳的好處在於便利與衛生，可以提供寶寶在出生第一個月中所有的營養，母乳中並帶有抗體可以提供給嬰兒保護；在寶寶六個月到一歲之間，母乳可以提供一半的營養需求。[1] 母親本身也能因為哺餵母乳減低罹患乳癌和卵巢癌的風險。在心理上，媽媽除了可以享受在哺餵母乳時和寶寶的親密時光外，也能體驗到「我所提供的養分可以照顧我的孩子」這種難以言喻的滿足感。

然而，哺餵寶寶的過程會有許多困難需要克服，包含如何讀懂孩子是否吃飽、哭鬧的原因是生理需求還是其他？寶寶在親餵與瓶餵轉換的調適、媽媽自己的乳頭不適等等。這時我們會需要幫手，包含婦產科醫師以及母乳顧問。下表列出一些母乳諮詢管道提供給妳參考：

母乳諮詢管道

諮詢管道	網址	特色
孕產婦關懷網站：母乳諮詢專線整理		另有0800-870870的母乳諮詢專線
台灣母乳協會：哺乳諮詢地圖		點開地圖後會有醫療院所與專業人員資訊。另有哺乳室地圖：https://breastfeeding.org.tw/2021/01/01/哺乳室地圖/

母乳媽媽有許多辛苦是不為他人所知的。親餵母乳的媽媽，很多時候會出現寶寶整天「掛在身上」的狀態，因為新生兒的喝奶時間比較長，加上親餵與媽媽接觸的感覺，會讓寶寶捨不得離開媽媽的懷抱，而當媽媽需要休息時，寶寶由爸爸或其他人接手就可能會哭泣。有些親餵媽媽說這時會感覺到被指責：「妳看親餵母乳就讓其他人也無法接手照顧吧！」

願意親餵母乳的媽媽其實是幾乎放下自己的全部，想要給寶寶最天然也提供抗體的營養來源，而伴侶與同住家人如果能去珍惜這樣的母愛，並且成為支持者與協助者，例如在哺餵以外的時間盡量接手，讓孩子練習熟悉媽媽以外的照顧者；或是能夠換位思考感受一下，今天如果自己是親餵媽媽，成天被小孩「掛在身上」會有哪些心情呢？對於哺乳媽媽多一份體恤與理解，是能讓整個家庭更溫暖的原動力。

不同哺餵方式，一樣的愛

然而哺餵母乳不是想要就一定順利的，在各種條件下，有時使用配方奶會是一個讓家庭生活可以運作比較順暢的方式。每個家庭的選擇，都有其原因。部分使用配方奶的媽媽或是因為生理因素必須停餵時，會因為無法哺餵母乳而感到愧疚，或是對於沒有辦法給孩子抗體而感到不安。而哺餵母乳的媽媽，也有可能在決定離乳的時間點而感覺到不安，心裡會想著有其他媽媽可以餵母乳餵到幾歲等等。

我一直期待餵母乳這項任務，是讓孩子和母親都能感覺到自在的。台灣在二〇〇一年開始實施全國母嬰親善醫療院所認證，我們會在各大哺乳室看到「母乳最好」的海報，在母乳政策的推動之下，二十四小時母嬰同室會是「成功哺餵母乳」的步驟之一。然而許多媽媽感覺到自己產後沒有休息的時間，必須一直練習哺餵母乳，也影響到產後的身心恢復。

近年來母親自我照顧的意識崛起，婦嬰相關專業也開始主張不要讓哺餵母乳成為產後壓力來源，在哺餵母乳宣導的方式上也有所調整，讓哺餵母乳這件事更以母親為主體性，也擴大了母愛的定義——不應該只在母乳這件事上。就算不能夠哺餵母乳，母親還是母親，可以用陪伴、說話、擁抱和遊戲的方式圍繞著寶寶，那都會是愛的展現。

該成為全職媽媽嗎？

育嬰留職停薪制度上路後，父母對於孩子的照顧有了更多選擇。育嬰留職停薪是根據《性別工作平等法》第一六條與《育嬰留職停薪實施辦法》所規定的工作權益，並不只限於母親申請，近年來爸爸請育嬰假有逐年增加的趨勢。[2] 而新手爸媽在考慮孩子接下來的照顧方式時，會有多方的著眼點，因此也不容易做決定。我們可以藉由四W一H的方式來詢問自己：

為什麼（why）

我想要育嬰留職停薪的原因有哪些呢？原因可能不只一個，包含考量寶寶、自己以及家庭。可以用條列的方式記錄下來。例如我想要給寶寶安全感、我自己想停下來思考下一步職涯發展等。

影響妳做決定的因素有哪些（what）

這部分又可以分成自己、寶寶與家庭的因素。自己的部分包含產假時覺得自己更想要全職帶孩子了，或是個人對於職涯發展的渴望程度，例如許多媽媽會想著：「孩子的成長只有一次，會這麼與媽媽親密的時候就是現在，而我不想錯過。」寶寶的部分包含我們覺得對孩子來說最重要的是什麼？例如寶寶的氣質，或是特殊生理需求等。家庭的部分則包含育嬰留職停薪時的家庭支出、整個家庭對於育兒的態度，以及可以成為後援的程度。

如果要育嬰留職停薪會是什麼時候（when）

有些新手爸媽會因為工作告一段落，或是想要在寶寶到了某個時間點時能多一點陪伴，而決定要請育嬰留職停薪。有些爸媽想要從一出生就開始全職陪伴，有些爸媽則想等寶寶大一點、能跟人有多一點互動時才開始全職陪伴，這些都是關於時間點的決定。

哪些人會影響到妳做決定（who）

寶寶的誕生是整個家庭的大事，每個家庭對於孩子的照顧方式、投入的人力和心力都不同。因此在決定育嬰留職停薪時，也許妳會聽到家人不同的聲音，可能是支持也可能是反對。這些人有可能是妳很在乎的，也有可能是妳不得不在乎的。

不論妳之後想用什麼方法去減少他們的影響，首要都是去辨識這些聲音。將其列出來不代表妳覺得自己被他們決定了，這個步驟是為了澄清妳自己。可以的話，也請妳列出這些人是用什麼方式影響妳的？是他們所謂過來人的經驗，還是因為那些人和家庭經濟收入有關？把這些列出來，可幫助妳更清楚決定這些聲音和妳內心的距離。

如何安排育嬰留職停薪（how）

即使請育嬰留職停薪，妳也可能會需要幫手，特別是在一開始還不熟悉寶寶各種反應的時候。隨著帶孩子的心得逐漸累積，也可以規劃留職停薪時期的生活，可能是帶寶寶參與一些親子同樂活動，也可能是妳可以找到適合的幫手，讓自己能夠暫離寶寶，安排一些自己想做的事。這個過程可以隨著寶寶的成長而逐漸有所調整，因為每個階段的寶寶都會有讓妳必須應接的狀態，或是令妳驚喜的改變。

以寶寶的睡眠來說，隨著寶寶一天一天長大，會逐漸延長夜眠時間，我們也可以跟著多加休息，讓自己白天比較有精神。然而寶寶的睡眠狀態有時會遇到「亂流」，例如從一次夜奶，突然變成夜奶二到三次。這時身為媽媽的妳就會去思考，到底是生活哪個環節影響了寶寶的作息，是不是睡前奶喝不夠，或是白天訊息刺激太多；妳也會想要觀察寶寶的身體反應，有沒有哪裡不舒服。因此在育嬰的過程中，生活的安排其實需要隨時跟著寶寶的狀況做調整。

心理諮商診間

蘊在結婚前是企業的中階主管，和先生因為工作上的合作結識，寶寶出生後，先生希望蘊能辭掉工作專心帶孩子。蘊思考過後，表達了自己不想中斷職涯上的發展，希望產假之後將孩子送托，自己則回到職場。

然而當她表達出這個決定時，先生與家人的回應是：「妳覺得工作比孩子健康長大還重要嗎？」這樣的提問讓蘊感到非常不舒服，沒辦法改變先生與家人的想法，也讓她非常挫折，感覺自己被莫名地被指責了。

「當時他是愛上我工作時的模樣，然而現在這卻變成他要放棄的一部分。」

人們的思考常落入一個陷阱，就是判別是非對錯，並覺得別人應該要如何做才是對的：「妳應該要成為我心目中那樣的好媽媽」、「他那樣帶孩子的方式不對」……。育兒這件事也是，每個人都有自己的育兒理論，而在一個家庭裡，不可能所有人的想法都是一樣的。因此，最重要的是：我們能不能替自己心中留個餘地，讓伴侶的育兒與家庭觀點，得以進駐到我們的內心，同時聽到自己和對方的聲音。育兒的基礎是父母親，**當父母自己可以感覺到心理狀態是平衡的，才能心有餘力地去觀察嬰兒的需要，提供符合這個需要的照顧**。

每位女性在成為母親之前，都是她自己。有其所愛，有其生活，也有其夢想。成為母親之後，我們都在練習置放以往的自己。成為母親的生活，有很多部分都與過去的自己大相逕庭，於是在孩子出生之後，我們花了幾乎所有心力照顧孩子，只花一小部分來觀看自己接下來的人生，是要回到原先的職場？還是發現自己在母職身分的滿足？也可能創造出一個嶄新融合新舊自我的方式，例如有些媽媽會開始進行兼職或創業，讓自己可以盡量兼顧工作與家庭。

我們也可以觀察到人們對成為父親與成為母親的思考方式，是很不一樣的。有了孩子之後，放下工作成為全職父母的比例，女性還是多於男性。男人成為爸爸後，絕大部分不會影響到原先的工作；然而女人成為媽媽後，就經常需要面臨「如何平衡家庭與工作」的思考。

這樣的差異是怎麼來的呢？而女性是否應該買單這樣的差異？我們常聽到，妻子成為先生在事業與家庭的後盾，但進一步來說，如果爸爸媽媽雙方都有自己想要衝刺的事業，能夠互為後盾才是一種平衡。當然，立基於整個社會文化的集體概念，很難一時半刻就能夠改變。但如果伴侶與家人都能擁有一個基本的信念：**不論是爸爸還是媽媽，成就自己與對孩子的愛並不互相衝突，也許在時間與心力上會需要努力分配，但夢想不應該被母愛論斷**。相反地，當女性的自我可以不被壓抑時，那將使我們更有潤澤孩子的心力：因為有自己，心裡就不會感到匱乏。

解讀寶寶的生理需求

寶寶的誕生，意味著寶寶從溫暖的子宮移居到和我們一起的世界。這段期間，我都稱為「移民的適應期」。從媽媽的身體到外在世界，寶寶需要自己呼吸、進食、用哭泣表達需要、使用感官、與人接觸，所有的事物都和在媽媽的身體裡不同。因此寶寶需要適應期，新手爸媽也需要。寶寶出生的第一年，也就是「媽媽元年」，這段期間我們最大的任務就是去辨識寶寶的需求，然後用適合的方式滿足寶寶。然而寶寶在出生的第一年，睡眠與飲食的狀況對父母來說都很有挑戰性。首先我們需要建立心理的基礎：**給寶寶適應的時間，也給我們自己適應的時間，慢慢來**。

寶寶飲食

這個章節不是在教大家如何哺育、如何處理副食品，而是要告訴妳針對寶寶的飲食狀況，身為照顧者的我們可以建立什麼心態。當我們在面對寶寶的奶量或進食狀況時，連結到的就是寶寶的成長與健康。奶量上不來會不會長不大？副食品要怎麼嘗試才能讓寶寶吃到夠多的營養？根據國民健康署《兒童衛教手冊》（2018）針對寶寶奶量的說明：

「若是哺餵母乳，初生嬰兒的吃奶量沒有一定數值，依據寶寶需求哺餵即可，但需觀察其小便次數與體重增加是否足夠。小便觀察原則為出生第一天至少一包尿濕的尿布，第二天至少兩包，依此類推，第六天以上每天至少有六至八片尿溼的尿布。體重方面，嬰兒出生一週後，體重開始回升；出生兩週之內恢復到出生體重；頭三個月每月體重增加五百公克以上。

奶瓶哺餵，奶量計算原則：每天總奶量大約是每公斤體重×（150 ± 30 cc），總奶量÷每日哺餵次數＝每次餵奶量。每個嬰兒體質、狀況不同，奶量需求也不相同，提醒觀察寶寶體重、生長發育及精神活動力正常即可。」

也就是我們可以把握大原則，透過每天總奶量，或是每個月的體重上升情形，來了解寶寶的進食和生長狀況。如同大人每天都會有食慾的變動，寶寶的今天也會和昨天不同。媽媽可能會因為寶寶的體型偏小，就對於進食狀況格外注重，當寶寶喝奶或進食偏少時，就會成為媽媽的焦慮來源。這時，我們可以把握幾個原則：

1. 關於奶量與身高體重的疑問，可以諮詢健兒門診醫師，如果哺餵母乳可以諮詢母乳顧問。若在生理方面以及生長曲線都是正常的，那麼就可以讓自己放寬心。

2. 讓進食的過程是愉悅的。不論是喝奶或吃副食品，進食的過程如果大人可以是放鬆的，寶寶也更能夠享受在食物裡。飲食是一輩子的事，寶寶長大後會用自己的方式建立起對於食物的愛好，身為父母的我們，可以不用急於現在。

3. 在副食品時期，寶寶會用手抓或弄得亂七八糟，都是必經的過程。對寶寶來說，以往只有喝奶，副食品像是另一個世界，形狀顏色、氣味口味都是全新的嘗試，因此寶寶會去探索，也是他對於世界上的事物展現好奇的一部分。媽媽即使害怕髒亂，仍建議讓寶寶進食完再收拾，雖然會辛苦些，但寶寶會逐漸長大，混亂的程度會逐漸減少。

寶寶睡眠

希望寶寶一覺到天亮，說是所有新手媽媽的夢想應該不誇張。搜尋「如何讓寶寶睡過夜」，妳會看到各式各樣的分享，這麼多的資訊背後，都意味著新手爸媽有多麼疲憊、多麼需要解方。

在我們談如何讓寶寶睡好覺前，先來了解寶寶的大腦與睡眠的關聯。寶寶剛出生時，大腦裡褪黑激素尚未開始分泌，因此沒有白天與晚上的節律，直到大約出生後六週，褪黑激素開始產生。褪黑激素是由大腦中松果體所分泌的激素，在夜間升高、白天下降，是調節生理時鐘的激素。寶寶出生的第一年，是新手爸媽睡眠最不足的時候。在此我們按照寶寶的睡眠發展，表列出一些爸爸媽媽可以留意的項目，並且很重要的是，我們該怎麼自我照顧。

寶寶睡眠建議

	寶寶睡眠特性	幫助入睡的技巧	大人們的自我照顧
0到3個月	● 日夜分別不明顯 ● 有些寶寶會有驚嚇反射	● 包巾可減少驚嚇的干擾 ● 白天可增加日照，幫助寶寶建立日夜節律	疲累會影響情緒，盡量找時間補充睡眠
3到6個月	夜眠可逐漸拉長	● 建立睡前儀式 ● 白天的小睡，每一段不宜過長	提醒自己：每個寶寶都不同，還沒睡過夜也不用心急
6到12個月	白天活動量變大，過於疲累或刺激量太多時，反而會不容易入睡	接近入睡時間時讓活動逐漸轉為靜態，避免太過亢奮而干擾入眠	學會辨識寶寶開始想睡的訊號，而不要等到寶寶過度疲倦，哄睡會較為輕鬆

這部分的重點，我們一樣會放在媽媽的需求以及親子關係上。在陪伴寶寶入睡的過程中，其實也是在觀察寶寶的反應：大人用什麼樣的方式陪伴，寶寶會比較好睡呢？例如在睡前儀式的建立過程中，我們可能嘗試了繪本、音樂、光線的變化，或是入浴的時間點。在陪伴中，可細細觀察孩子的反應，這不只為了好眠，也是一個親子深度連結的過程。

陪孩子長大的歷程中，有許多的「急不得」。我們會因為自己的疲憊，希望好好睡上一覺；或是一直擔心寶寶睡得不夠長，生長會受到影響。上述這些原因，就可能讓媽媽急著想要找尋各種方式讓孩子能睡得夠長。所謂的急不得，其實就是**讓自己緩下來，有機會去感受到，原來我們的著急可能和自己對孩子的期待有關**，例如「為什麼我的寶寶和別人不一樣？」「大家都說睡眠時期是生長激素分泌的時間，那我的寶寶會不會長不高？」其實，研究文獻中也指出，幾乎很難定調什麼是嬰兒的正常睡眠，因為會受到嬰兒氣質、照顧者回應嬰兒需求的方式，以及文化習俗等因素影響。[3]

二〇一八年的一篇文獻更指出，六個月大的嬰兒，夜眠超過六小時不間斷的占了六二・四%，超過八小時的僅占四三%，其中女寶寶和男寶寶相較，睡過夜的比例較高；而十二個月大的孩子，夜眠超過六小時不間斷的占了七二・一%，超過八小時的則占

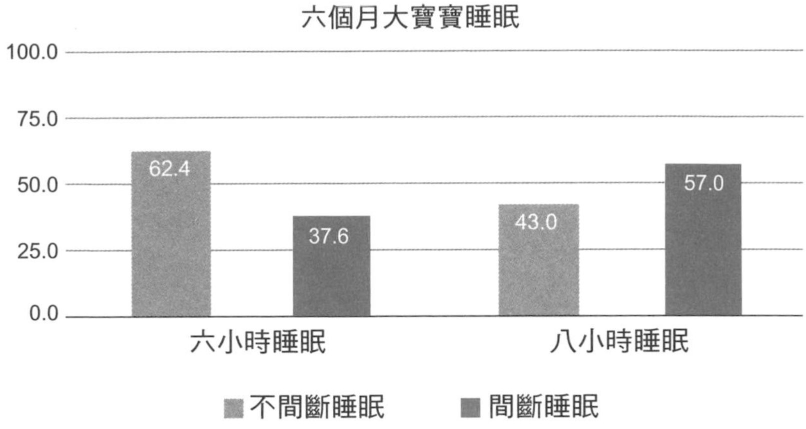

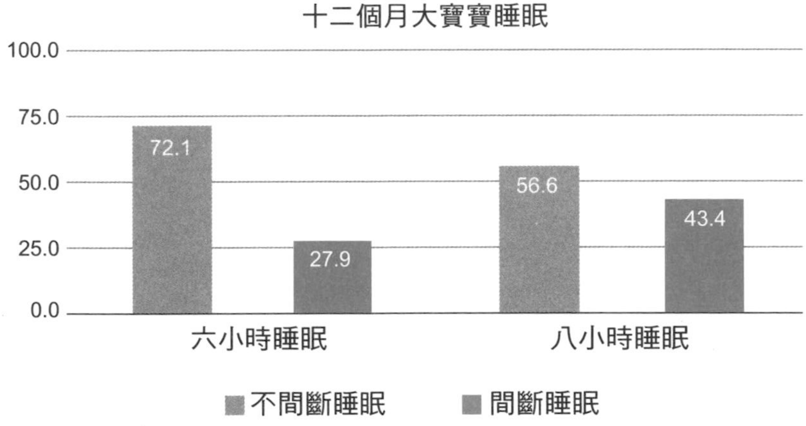

五六・六%。[4]簡單來說，一歲大的孩子晚上能夠睡超過八小時不間斷的僅占了五成多一些。不知道這樣的研究能否安慰到妳呢？

我們依然能尋找各種讓孩子睡得更好的方式，但在嘗試的過程中，我們可以這樣對自己說：「能夠成功讓孩子好睡就太好了，但效果有限也是很有可能的，因為孩子的睡眠就是順著他自己成長的步調。」我們身為照顧者，能夠做的就是盡量減少干擾睡眠的因素，當然還有，抓緊時間讓自己好好休息。

寶寶高需求，怎麼辦？

高需求寶寶（high-needs baby）這個名詞可以追溯到一位小兒科醫師西爾斯（William Sears），他有八個孩子，在第四個寶寶出生後，他發現前三個孩子的帶法，在這個寶寶身上似乎不管用。他把這些照顧孩子的經驗寫成《教養難帶寶寶百科：養育0～5歲高需求孩子的必備知識》一書。他也整理出高需求寶寶的十二項特質，並特別提醒父母，這些描述都只是特質，而不是一種負面標籤：[5]

1. **反應強烈**（intense）：寶寶的哭聲大，飢餓與不舒服的反應都很明顯。
2. **活動量高**（hyperactive）：寶寶的肌肉強度強，看起來隨時都想要活動，也不喜歡被束縛。

3. **父母筋疲力盡**（draining）：伴隨著寶寶的需求，父母顯得疲憊不堪。

4. **需要經常哺餵**（feeds frequently）：哺餵同時滿足的是生理上的飢餓以及心理上的安撫，而高需求寶寶的特質是每次哺餵的時間短，但頻率高。

5. **強烈要求**（demanding）：高需求寶寶幾乎很難延宕滿足，會用強烈的方式表達難以等待他所需要的哺餵與安撫。

6. **經常醒來**（awakens frequently）：高需求寶寶可能難以入睡或睡眠時間短，會讓照顧者感到非常困惑與疲乏。

7. **不容易滿足**（unsatisfied）：寶寶需求總是快速又強烈，父母要能夠滿足寶寶的需求是不容易的。

8. **難以預測**（unpredictable）：父母有時覺得自己能抓到寶寶的需求了，但過幾天發現寶寶又變了。

9. **非常敏感**（super-sensitive）：對於外在聲響訊息的反應敏感，如果白天的訊息量多，晚上的入睡就會更有困難。

10. **黏在身上**（can't put baby down）：媽媽會號稱自己像是無尾熊帶著無尾熊寶寶，寶寶只有在自己身上時才能夠平靜。

11. **難以自我安撫**（Not a self-soother）：安撫物的效果似乎不明顯，需要的是照顧者的撫慰。

12. **對分離敏感**（separation sensitive）：寶寶要的只有媽媽，交給其他照顧者時的哭泣反應強烈，對於陌生人也較為慢熟。

高需求寶寶並不是一個臨床診斷，而是讓我們更知道孩子的需要並不是「故意測試大人的底限」，是屬於寶寶的特質，孩子還需要一段時間發展出自我安撫的能力。面對高需求寶寶，照顧者需要做的事情是一方面滿足孩子的需要，另一方面透過一點一滴的停頓與放手，觀察孩子的反應，是否又多一點能自己玩的時間了、是否更能被安撫一些了。

面對高需求的孩子，媽媽的自我照顧以及爸爸媽媽之間的互相支持尤其重要。疲倦與挫折、焦慮與生氣，都是會存在的情緒。然而我們看到孩子安穩的笑容、對我們無條件的愛（對，這世界上無條件的愛就是寶寶對於父母的），我們因此被療癒，又有一些力量幫助我們成為可以肯定自己的媽媽。

妳好不好？

在寫這段時，本來想直接把標題下為「產後憂鬱」，但後來想想，我更想問的是：「妳好不好？」這背後包含了妳所有的感受、生活與和伴侶的互動，而不僅是身心狀態的失調。

我相信產後的時光，妳經歷了許多妳沒想過的神奇，還有困難。身為母親，妳一一想辦法解決，發現了自己成為媽媽的能力與進步，也許很多難題還沒解決，例如寶寶的作息與奶量，但妳有可能沒發現，妳已經變成了一個注意力都在孩子身上的母親了。

兒童精神分析大師溫尼考特（Donald Winnicott）曾提到，當孩子剛出生時，媽媽會進入一個放下大部分自我的狀態，來回應嬰兒的需求，這個狀態稱作「原初母性專注」（primary maternal preoccupation）。我們花了幾乎所有的時間與精力，去觀察並且滿足嬰兒的需要。在心理層面，因為母親的放下自我以及對於嬰兒的回應，讓嬰兒得以透過這個過程保有他自己。然而在這個過程中，**如果母親無法把自己照顧好，自然也無法將注意力好好地放在嬰兒的反應上，因此我們需要停下來，看看自己**。這個停下來看自己，不是「功能性」的，彷彿我把我自己照顧好，我才能「發揮母親的功能」。我們常聽到，有快樂的媽媽，才有快樂的孩子，好像是我的快樂只是為了孩子的快樂。但不是的，因為**把妳自己照顧好，本來就不需要理由**。

在臨床上，有一些工具可幫助妳檢視自己的情緒狀態。在月子中心時，妳可能填過了「愛丁堡產後憂鬱量表」[6]，護理師會因為妳所填答的狀況進行關心。不過出了月子中心之後的感受會和在月子中心時很不一樣，因為大多數時間妳得單打獨鬥，疲累與挫折感都在妳心中形成重量。因此出了月子中心或是月嫂離開後，是更需要留意自己情緒狀態的時候。

產後情緒障礙

按照症狀以及出現的時間，產後情緒障礙可以分為三大類：分別是產後情緒低落（postpartum blue）、分娩前後憂鬱，也就是我們常聽到的產後憂鬱（postpartum depression），以及產後精神病（postpartum psychosis）。以下列出三種產後情緒障礙的分類，但由於每位患者發生的時間與症狀表現都會不同，詳細仍需要專科醫師診斷。

產後情緒障礙的類型

類型	發生時間	病程時間	發生率	症狀表現
產後情緒低落	產後的三到四天出現	通常幾天內會消失	30到80%	通常屬暫時性情緒低落，可透過陪伴自然緩解
產後憂鬱	約在產後六週出現	數週到數個月不等	約為10%	情緒憂鬱、失去興趣、自我價值感低落、睡眠與食慾受到影響等，嚴重時會有自我傷害意念
產後精神病	約在產後兩週出現	數週到數個月不等	1到2‰	情緒激動不穩定，憂鬱焦慮反應，性格與行為異常，會有幻覺或是妄想等症狀

參考資料：國民健康署《孕婦衛教手冊》（2018.3）

在第四章孕期憂鬱的部分有提過，依據《精神疾病診斷與統計手冊》第五版中，「產後憂鬱」是憂鬱症類別的其中一項，並且為「分娩前後的發病」。約有五成的產後憂鬱是從孕期就開始，那麼憂鬱的症狀在臨床上到底包含哪些呢？

1. 大部分的時間都情緒低落。
2. 失去原有的興趣與愉悅感。
3. 體重明顯增加或減輕：一個月內體重變化超過五%。
4. 睡眠狀態改變：包含睡太多或難以入眠。
5. 精神或動作激動或遲緩：不只是自己感覺到，他人也觀察得到。
6. 幾乎每天都無精打采。
7. 幾乎每天都有自我無價值感，或是過度或不恰當的罪惡感。
8. 幾乎每天都感覺到思考和專注度減低，不論是主觀感覺或他人觀察。
9. 反覆出現自殺意念，或是有具體的自殺計畫或自殺行動。

當以上至少包含五項，且第一項與第二項至少包含一項，時間長達兩週，就很有可能是憂鬱症的表現。目前有一個更廣泛的名詞：**周產期情緒和焦慮失調症**（perinatal mood and anxiety disorder），指的是在懷孕二十週後到產後一年之間，出現的情緒困擾，憂鬱、焦慮不安、強迫症狀等都包含在內。

這樣的整理，目的在讓大家更廣泛地去關注周產期女性的情緒狀態，不只是憂鬱，而是各種情緒上的困擾都應該被關心。

面對產後情緒障礙，有幾個部分我們可以共同去思考與因應：

有部分的人會覺得產後憂鬱僅僅是因為產後荷爾蒙不平衡，等到生理逐漸穩定了就好了。因此面對產後媽媽的哭泣與不安，容易用輕忽的方式面對：「沒事啦，過一陣子就好了」、「妳只是因為新手的關係，上手後就好了」，因此產後情緒低落的女性可能因此也無法確認自己的感覺。

心理學上看待一個人會有的情緒與行為反應，會用「生理—心理—社會」三個構面來看。

懷孕過程中，體內雌激素比未懷孕時增高許多，在生產過後則大幅下降，會擾亂情緒的穩定性。而在產後有太多不熟悉的事

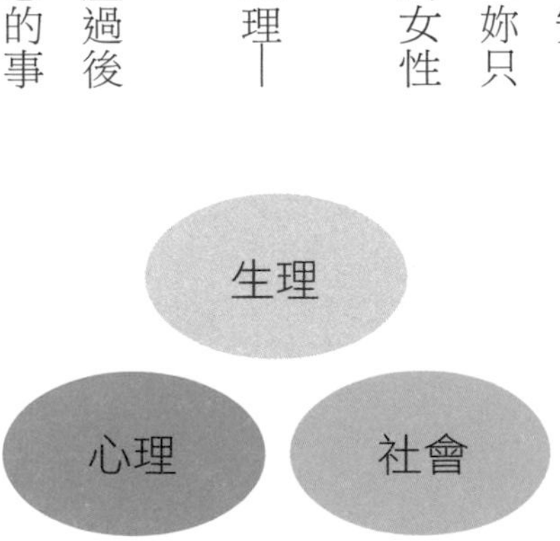

物需要去面對，包含孩子的作息、性格、飲食等，過程中也需要耗費大量的體力與心力，才能夠應接新生兒密集的飲食需求與睡眠的混亂，加上生產過程所遺留下來的身體困擾也還在，例如剖腹產的傷口疼痛，新手媽媽的疲憊感在寶寶出生後幾個月都很難修復。如果加上又是哺餵母乳的話，又會有更多的事需要忙碌。這些都是生產過後在生理上與體能上的考驗。

而在心理層面，由於每位新手媽媽的性格特質、成長經驗都不同，因此每個人的內在核心信念也不同，包括想要給寶寶很多的安全感，或是更重視自己的生活品質等。照顧寶寶的態度不同，隨之而來心情也會因此不同。再者，妳的伴侶和妳的育兒方式，以及妳對他的預期，之間都會有差異。再加上每位寶寶的氣質都不同，每位新手媽媽的心理狀態就會因為這些因素的相互影響，而連動有所影響。

在社會層面，指的是大環境以及周遭人事物的影響，包含正面的與負面的。當正面的支持效果多，對於個體的情緒就會是一種保護，而負面的影響就可能形成情緒上的干擾。以新手媽媽來說，大環境的影響包含整個社會氛圍對於婦嬰的友善程度、在托育與補助上的協助。而周遭人事物的影響包含與伴侶的家務分工、彼此的情緒支持、工作場域對於母性的態度、其他家人的協助等。

心理諮商診間

琳在產後五個月，情緒感到相當低落，當孩子奶喝太少或哭鬧安撫不下來時，琳也會跟著一起哭。有一個晚上，好不容易把哭鬧兩小時的寶寶安撫睡著後，她很沮喪地上了臉書媽媽社團寫了一些感觸，其他版友用過來人的經驗提醒她可能是產後憂鬱，於是她來尋求諮詢與幫助。

「妳好，遇到什麼情況讓妳想過來談談呢？」

「其實我早就覺得我是產後憂鬱，但我不想面對。」

「嗯，我們先不討論妳到底是不是產後憂鬱，但對妳來說承認自己的難關，好像有一些更不舒服的後果。」

「對，如果我真的是產後憂鬱了，那我就會覺得我根本不適合當一個母親。」

「雖然我一時還沒有從妳那邊得到夠多的資訊，但妳串聯了情緒狀態和是不是好母親這件事，讓我感覺到：當媽媽這件事，妳累積了很多內心的故事，包含一直在詢問自己適不適任。」

琳落下了眼淚：「我怎麼一下就哭了⋯⋯，我其實好怕我媽媽知道我狀況不好，她當時一直叫我不要嫁給我先生，說他還像個小孩，我會吃苦，可是我不相信硬要嫁⋯⋯。」

「哭很重要。很多媽媽來到諮商室都會不由自主地哭了，我猜大家平常都太累了，心累卻要忍住，或是心累又不見得有人可以懂，因此碰到自己的心事就會很想哭。我們來花一些時間幫妳看看目前育兒生活中，有沒有哪些部分真的是太ㄍㄧㄥ了，然後我們一起想辦法來看看怎麼調整。行有餘力後，我們再來看看妳和先生，以及妳和媽媽的關係。」

在琳的例子中，我們可以看到「自己—伴侶—原生家庭」三者的關係，有一些心裡的關卡，影響了她對於自身狀況的面對與表達。因此面對產後情緒障礙，我們要看的是女性的整體生命經驗，而不僅僅認為是荷爾蒙的影響。

需要專業協助

「憂鬱」和「心情不好」是不一樣的。前述有關憂鬱的九大特徵，和一般心情不好的最大差別在於：心情不好，我們可以感受到隨著時間過去或從事有興趣的事，情緒會逐漸恢復，也不至於會影響到睡眠、體重以及認知狀態。然而一旦憂鬱了，就是情緒生病了，是大腦的變化，除了自己與家人的努力與陪伴外，專業的協助也是不可少的。專業的協助包含了精神科／身心科醫師的診斷與藥物處方，以及心理師的心理諮商。

以孕期和產後憂鬱來說，孕婦或哺乳媽媽對於用藥的顧慮可能會比較多，的確孕期與哺乳的用藥需要審慎評估，但並非完全不行，因此交給專科醫師評估與說明是最重要的。有許多患有憂鬱症狀的人因為聽說用藥不好，或擔心副作用的影響，自己先斷然拒絕藥物的協助，這樣就少了一個可以幫助自己緩解症狀的機會。

而心理諮商可以怎麼提供協助呢？每個人對於心理諮商的概念都不一樣，有些產後情緒障礙的女性在過去就有憂鬱或其他相關病史，或是過去有接受過諮商經驗者，對於心理諮商會有相對較多的了解。心理諮商與心理治療，是由專業的治療師來執行，包含臨床心理師、諮商心理師與身心科醫師，透過心理學或精神動力的學理架構，來聆聽與理解個案的內在困擾，釐清因果關係與各種影響因素，找出癥結點，共同思考如何處理壓抑的感受，或是修正困擾行為。因此有產後情緒困擾的婦女，得以透過心理諮商的過程，抒發感受，釐清思緒，正確認識現在的自我，以及共同思考目前生活中的問題有哪些可行的解方。

心理師我有疑問

面對生活中的無解問題怎麼辦？

很多當了媽媽的女性會問我：「心理師，家裡一堆事情都無解，那諮商可以給我什麼幫助呢？」的確，成年之後或婚後生活，我們會遇到越來越多看似無解的習題，包含婆媳問題、職場文化等。心理諮商或心理治療在處理所謂「無解習題」時，我會帶著個案一起思考：「什麼是解？」我們的解可以是解題、解憂，甚至也可以是對於解答有一個新的定義。

以和原生家庭的關係為例，對很困擾的人來說是無解的，而在心理諮商或心理治療時，我們會協助個案釐清自己的感受，或是區分責任上的界線以減少情緒負荷，也可以協助個案在生活中重新找到自己的力量後，得以回頭以新的自己來看待原生家庭。這些過程都不是單一解方，卻是解憂與解套的歷程。

需要同理支持

憂鬱症患者往往容易被汙名化，例如是因為不夠努力、想太多、過太爽才會這樣。這樣的汙名化讓一些民眾對於憂鬱症抱持錯誤印象，也可能因此影響到他們對於周遭患有憂鬱症親友的態度。例如「妳就是想太多了才會這樣！」「早就叫妳不要生了啊！」溫和一點的建議可能變成「妳就是自我要求太高了啦！」這些話聽進憂鬱症患者的心裡，可能都會是一種「非平行的建議」，也就是一種站在高處評斷的感覺。

周遭親友在表達關心的時候，想必都是出自希望個案早日康復的初心，然而如果所表達出來的話語，並沒有辦法實現初心時，可以把我們的善意化為真正幫助憂鬱症患者的力量。產後新手媽媽的心情，通常是疲憊、不安又挫折的，而產後憂鬱的女性，負面情緒的強度又更明顯。周遭親友進行關心的方式，可以參考以下OLED的要訣：

✓觀察（observation）

前面有提及憂鬱的症狀表現，周圍親友如果對於產後情緒困擾的症狀有更多了解，就可以提早發現新手媽媽的情緒需要，例如情緒起伏變大、易哭、易怒、食慾與睡眠改變等。有時患者不一定能覺察自己患有憂鬱症，伴侶與周遭親友的觀察會是一個很重要的幫助。

✓聆聽（listen）

聆聽，到底是要聽些什麼呢？並非是要像心理專業人員一樣聽出內在的意涵。周遭親友的聆聽，可採取一種不帶批判的狀態，也就是聽到說話者所表達的內容後，不加否認也不刻意壓抑對方。

例如當新手媽媽說：「我覺得我好失敗，連餵奶都做不好。」我們的聆聽，就是聽到對方的挫折感，然後予以回應自己所聽到的意思：「我知道妳很想把寶寶照顧好，但是妳覺得一直都做不到妳想要的樣子。」而非「否認對方感受的安慰」：「妳不要亂想，妳做得很好了。」這是一種鼓勵，但也是一種對於對方感受的否認。

倘若我們想給予安慰時，可以用這樣的方式：「我知道妳很想把寶寶照顧好，但是妳覺得一直都做不到妳想要的樣子。不過以我的角度來看，我有看到很多妳很棒的地方。」這就是一種承認對方的感受，但也給予自己想表達的肯定。這樣的說法會讓情緒困擾的新手媽媽感覺到被理解，也同時感覺到被支持。

✓同理（empathy）

人們常常都會說要有同理心，但究竟什麼是同理心呢？「穿著對方的鞋子，走一英里的路」（Walk a Mile in Her Shoes）是常用來說明同理心的諺語。因此很重要的要素是：站在對方的視角去感受，以這個人的思考方式出發，他會有什麼感覺呢？很重要的是，這並非以我們自己的思考方式所產生的感覺。

要怎麼表達才會是富有同理心的回應呢？這其實不容易。我們都有聽他人訴說心事的經驗，有時會因為感受到對方的痛苦，也造成自己心情上的沉重，我們就會想要緩和當下的感受——包含自己的與對方的，而表達出一些想要讓彼此都舒服一點的話，例如「沒事啦！」「妳太負面了啦，要陽光一點！」這不見得是我們沒有感受到對方的感覺，而是一種想要讓這場對話不要太有負荷的做法。因此想要表達出同理，首先其實需要聆聽者能夠承擔對方的負面感受，有容納才更能以對方的角度去感受。

✔行動（doing）

一些具體的行動能幫助產後情緒困擾的女性，例如可以接手顧一下孩子，讓新手媽媽有機會喘息。然而每位媽媽的需要都不同，我們可以成為帶有尊重的行動者，當新手媽媽有需要時，我們再予以協助，而非以自己認為的需要加諸在對方身上。可以是陪伴聊天，也可以是幫忙張羅家務，或是陪寶寶玩，這些都能讓被產後情緒困擾的媽媽有機會喘息一下。

● 心理師我有疑問

我是新手媽媽，我不放心把寶寶交給任何人照顧，但我好累該怎麼辦？

這真的是許多新手媽媽的內在掙扎，不是只有妳一個人會這麼想。以心理狀態來說，懷孕時期我們和寶寶是合而為一的，從身體連結到心理的感覺。而生產之後，母嬰之間身體分離了，但心理連結不會和生產一樣，說分開就分開，而是一個逐漸分離的過程。因此我們會在寶寶還小時，對於要把寶寶交給別人照顧會有很多擔心，想著寶寶找不到媽媽會不會很難過？會不會不習慣？擔心不同人餵奶，寶寶可能會不想喝等等。

這時我們可以靜下心來，感受一下自己內在的需要，因為我們對於寶寶的擔心，都是我們想像中寶寶的感受，而沒有回到我們自己的狀態去考量。如果我們真的好久沒有好好睡個覺了，那這時，我們可以稍稍放下孩子，先讓自己補充睡眠，再成為一個有活力的照顧者。如果我們各種煩悶的心情快滿出來了，那麼我們可以稍稍放下孩子，用休息和興趣將自己的負面心情淨空，再成為一個可以和孩子一起微笑的母親。

妳可能也會想問，如果真的很難接受家人的照顧方式，要怎麼才能有喘息的時間呢？這時很仰賴溝通，如果同住的是婆婆，也許長輩和你們習慣的照顧方式不同，這時會需要伴侶陪同傳達你們的想法。如果家人的溝通讓你們覺得費盡心力也很難達到共識，也許一些臨托的協助或鐘點托育人員會更適合你們。以下列出一些公共臨托服務，作為參考。

公共臨托服務	網址	特色
台北市政府 助您好孕3.0		定點臨托、居家托育人員（保母）臨托、私立托嬰中心臨托、活動臨時托育服務（可收至十二歲以下）、非營利幼兒園臨時照顧服務，可網路預約
新竹市政府 定點臨托		● 週一至週五上午九點到下午五點，每小時兩百元（每次至少兩小時） ● 托育日前三天，利用網路或電話預約 ● 臨時有需求可去電詢問，若預約未滿時可提供服務
高雄市政府定點 計時托育服務		提供臨時托育與夜間托育，也可依據行政區搜尋

創傷性分娩

台語有一句俗諺「生贏雞酒香，生輸四塊板」，彰顯出在早些年婦女生產的危險性。到了現代醫療進步後，生產過程的併發症或危險因素都可以被預防或處置，讓生產的安全性大幅提高，也讓孕產婦能更安心。然而，在生產歷程中仍會有一些沒有預料到的危險，或是在醫療處置過程中女性得面對無法言喻的恐懼與無助，但又因為必須要完成生產，因此有些強烈感受沒有被關照到，包含產程過長、生產過程中因為遭遇困難需要使用產鉗和真空吸引等助產器、產後大出血、嬰兒出生後有緊急狀況與疾病，以上種種都可能使女性在生產過程中產生陰影。

經歷創傷性分娩的女性，可能會有以下表現：重複在腦中經歷或夢到當時害怕的場景、對於性行為有陰影甚至抗拒、對於再度生產感到排斥，或是因為生產過程的痛苦而覺得自己對孩子的愛有限。部分經歷生產創傷的女性可能也會有產後憂鬱的症狀，在進行產後憂鬱的治療時，卻沒留意到創傷本身的處理。有生產創傷的女性甚至無法認同在生產過程所遭遇的感受，可能會覺得「其他媽媽都沒怎麼樣，怎麼我那麼脆弱」，或是

「這是當媽媽必經的過程，我需要自己消化」。

面對生產過程的創傷，我們可以做一些預防與治療。在生產前，對於生產過程有足夠的了解，有助於我們建立正確認知來面對生產過程；醫護人員在進行醫療處置時若能給予告知並且留意產婦的反應，也是一個很重要的預防關鍵。倘若已經進入產後面對創傷的階段，產後女性和家屬都需要了解到這是個需要正視與接納的狀況，並且尋求適當的協助。例如當生產過程的痛苦導致產後女性出現陰道痙攣的狀況，心理師可以透過認知行為治療或催眠治療，協助處理因創傷所引發的肌肉非自主緊繃。

永遠要好好照顧自己

孩子出生後的許多時刻，當媽媽的我們常會感覺到有許多「突破」，例如「我居然可以把臉湊過去聞孩子的屁股，看他有沒有大便」、「原來我可以這麼多個晚上沒睡覺」。這些突破，一不小心就會讓我們感覺到是「犧牲」。如果在成為母親的路上，犧牲的感覺越少，我們就越能感覺到一個平衡的狀態，因此，我們需要自我照顧。我們常聽到一些標語：要愛自己、要犒賞自己、要練習多為自己想一點……。其實許多人對於

「愛自己」的概念是很模糊的，有可能是因為太習慣付出，甚至可能覺得愛自己是否就等同於自私，因此從小到大都沒機會建立好好愛自己的概念。這邊我想來談談愛自己的實踐，包含心態與行動兩個部分。

小練習

提到愛自己，妳會想到什麼？請寫下妳的定義，以及妳平常愛自己的行動。

愛自己，不是因為自己不好，所以需要包容自己，也不僅僅是因為自己很好，所以要肯定自己，而是當我們能感受到自己有喜怒哀樂，有愛有投入，因為這樣**感覺到自己真實的存在，而想要照顧著自己所有的感受，照顧著自己這個存在**，包含外在形體與內在心靈。

從出生的那一刻起，當妳可以感受到不是因為自己做了什麼才被看重，而是因為妳就是妳而被關照著時，這份被愛的感覺，可以內化成愛自己的基礎。這也回答了為什麼有許多人總是覺得愛自己很困難，因為在成長的路上，我們往往感受到帶有條件的愛，彷彿自己必須成為什麼，或是成就什麼，才能被關注與肯定，也因此讓我們忽視了**存在本身就具有價值**。

如果妳是從小到大對於愛自己感到困惑的人，而妳也發現各種早期經驗對於自我關懷的影響，我們可以在心態上讓自己了解：**愛自己不僅僅是為了擔任好母職，而是妳理應如此**。如果妳過去還沒學會愛自己，會在成為母親後重新感受到自我關懷的重要性。

關於自我關懷（self-compassion），我們可以從美國德州奧斯汀大學教育心理學副教授聶夫（Kristin Neff）的著作中有更深入的了解。[7] 自我關懷並非自我同情，而是包含著幾種概念：

1. 和自己的情緒同在，不壓抑也不批判。
2. 知道受苦並非命運不公，且知道這世間上所有人都有其獨有的苦與樂。
3. 深切地關懷自己的需要，對自己仁慈，如同當妳在照顧其他親近的朋友一樣。

愛自己可能只是妳不熟悉，但並非妳不值得。想要快樂育兒，首先妳要理解自己。身為母親，當我們缺乏讓自己平靜愉悅的方法時，人性很容易把我們帶到怨懟不平或後悔的感受，例如「我為什麼要生孩子來折磨自己？」這些感受很真實，特別在照顧寶寶感到疲倦時很容易出現。我們沒有要特別壓抑這些感受，而是不要讓這些感受堆積到自己無法負荷。

身為父母，當負向情緒超量時，就很難有足夠的心理空間去包容孩子的需求與情緒。有些媽媽會和我分享一個疑問：「成為母親之後，愛自己會不會是一種自私？」例如我去做我自己喜歡的事，但寶寶很需要我怎麼辦？這裡可以做一個區辨，寶寶和媽媽分離，會難過、會哭是正常的，但這不等同於會讓孩子成為一個缺乏安全感的人。當分離之後又再重聚，寶寶分離的情緒能夠得到適當的安撫，就不會讓分離成為寶寶難以承受的創傷。許多媽媽非常重視孩子的感覺，這是很好的。正確地認識孩子的情緒發展過程，有助於讓自己減少不必要的承擔。

前面我們講了建立愛自己的心態，接著來思考愛自己的行動。有了正確的心態，我們所有的動作才會順著心態出發，並且享受在其中。在照顧孩子的過程中，有時請幫手協助，讓自己暫離一下孩子，回到自己的時間與愛好上，充分和自己與自己所愛的人事物相處，妳會發現當妳回到家和孩子重聚時，不僅是想念，還獲得了能量，這樣的能量會讓妳和孩子共度的時光更加緊密且美好。孩子除了可以從親子關係中得到滿足外，也可以從我們身上學到如何讓自己快樂的方式。

當大家都在教我怎麼育兒

如果要排名新手媽媽的困擾，這一項大概會名列前茅。許多新手媽媽常會感覺到家裡的長輩親戚、托育人員（保母）以及鄰居路人，都有可能順手要來「指導」自己育兒方式。例如小孩應該要穿幾件衣服、喝奶的量與頻率、哭了是不是要立刻抱，甚至還有要不要生第二胎等等。

每個人的育兒經驗都不同，會想把好的方法分享出去，是人之常情。然而在分享的過程中，一不小心就會讓聽者產生一種「你好像覺得我的方法是不好的，你的才是對的」的感受，再加上時代的不同，孩子的心性氣質也都不一樣，自己所謂好的方式，不一定適用於他人。

成為母親，我們有內建想要照顧寶寶的動力，但我們不見得已經學會適合這個孩子的照顧方式，更進一步說，也沒有所謂「最適合」的照顧方式。每個孩子的氣質都不同，而氣質也會隨著主要照顧者的養育方式而逐漸有變化，照顧者需要隨著孩子的成長，進行教養的調整。

我們身邊有許許多多的教養資訊，我會鼓勵所有父母，把教養資訊作為參考資源而非單一指引，包含長輩的、鄰居的，甚至是教養專家的。不是要大家都永遠抱持著存疑的態度，而是成為父母之後我們可以廣納知識，配合自己對寶寶的觀察，相互搭配，從眾多資訊中找出一個適合於寶寶與整個家庭的方式。當我們可以先把心態調整到此，就會比較有餘裕面對各種他人的建議，知道沒有絕對的對錯，而是參考，當對方很想要「推薦」自己的方法時，我們也可以知道不一定需要納入這個意見。

然而，有時指導的聲音是來自同住家人長輩，就不是那麼容易了。每個核心家庭面對同住家人或隔代教養的態度都不一樣，有很多個別化的因素要被考量，包含伴侶在原生家庭的幼年經驗，這些經驗怎樣影響到他長大的過程，以及和妳的親密關係。婆媳關係會影響婚後與產後的適應，廣義來說就是伴侶的原生家庭，如何影響到你們小家庭中的教養概念以及伴侶關係。面對同住家人的教養不同步，沒有解決的通則。透過時間慢慢互相理解，以及找到適合的溝通語言是很重要的，讓溝通管道保持順暢、減少家人間的猜測，才會是減少歧見的方式。

我和我的父母

心理諮商診間

產後六個月的琳，這是她的第二次諮商。她看起來比上次見面時穩定了一些。

「上次說到，妳擔心如果是產後憂鬱，妳就不是稱職的母親了。也擔心自己做了結婚的選擇是不對的。」我對他說。

「上次不知怎麼了，一見到妳就大哭，沒辦法好好把想法說出來。我後來想想，我覺得我和我媽媽的關係，也許才是影響我最深的。」

「我感覺到妳一直在思考自己呢，這對我們談話的進行很有幫助。我可以知道更多妳和媽媽的關係嗎？」

「從小，媽媽對我的要求就非常高，認為長女如母，要能夠照顧弟妹，也要作他們的榜樣。小時候啊……真的很累，但那時不覺得，只覺得表現得好的話，媽媽就會高興，我也會覺得對自己滿意。」

「那長大後的妳，回頭想妳的小時候，有什麼感覺呢？」

「我不確定要怎麼說，但我真的一路都在努力做好自己的角色，好學生、好女兒、好姊姊，直到我上班之後，拼命想達到老闆的要求，卻發現即使達到了老闆也不會比較重用你，才恍然大悟我一直在拿別人的要求當作肯定自己的方法。」

「這個領悟好悲傷也很茫然。那麼，當了媽媽之後呢？」

「我很期待當媽媽，我想要我的孩子很快樂，不要讓他像我一樣按照別人的意思過生活。可是慢慢地我發現我壓力好大，很怕我什麼部分沒注意到，孩子會沒有安全感，或是沒辦法順利發展，所以我每個部分都很小心。但是，我先生總是不能和我同步，他好像還在過單身的生活，這一點我完全不敢讓我媽知道，我不想讓她覺得我沒做好選擇。」

「所以真的可以感覺到妳承受了好幾層的壓力。包含很多時候得獨自育兒的累、和伴侶磨合的負擔，這些心事除了不能輕易展現外，還有一個很重要的部分就是：妳拼命地當一個好媽媽，除了這樣妳才能夠接受自己外，很潛在的部分是——

這是妳習以為常讓其他人肯定妳的方法，而最初的開始，是妳的母親。」

成為母親之後，妳會在某些時候浮現兒時經驗，也許妳在懷孕過程中就告訴自己，不要讓孩子承受和妳一樣的早年經驗；也許妳是在看著寶寶的片刻，突然想起幼年和父母相處的經驗。可能是想起了幼年的感受，也可能是更明白了些父母的用意，或是在成為母親後，覺得無法以自己的媽媽為參考的失落。這些感受都讓我們在成為母親的路上，看到很多自己和父母相處的影子，看到小時候的自己。

也許在一開始從和寶寶關係映照到自己和父母的關係時，妳會有很多不安，或是各種沒有預期的感受湧上。倘若妳對童年與照顧者的關係有許多負面經驗，此時的情緒也許會讓妳不太好受。妳時而自己，時而母親；時而過去，時而現在。這些情緒會是一個開始，讓妳接近了內在的自我，妳沒有一定得怎麼做，也沒有人可以決定妳該怎麼處理這些情緒。

妳要做的就是，**當和過去經驗相關的情緒湧上時，先安穩心情上的動盪，可以停在情緒裡與感受共處**，有困難的話也沒有關係，也許妳的困難來自於停在情緒中就無法照顧好寶寶，也許是過去記憶太強烈而讓自己難以承受。可以不用在這個時候急著給自己解方或解答，在成為母親的路上，妳將會在寶寶長大的每一個過程中，體會到各種不一樣的感受。也許是寶寶對妳笑的時候，妳感受到自己是個能享受當媽媽的人；也許是寶寶不舒服的時候，妳體會到那種寧願是自己生病的感覺；也許是妳自己感覺到疲憊的時候，妳懂了自己好想要被照顧的心情。每一種情境下的感受，都讓妳再多懂自己一些，知道這些心情和哪些過去有關，就能練習做區隔。

和琳談了幾個月後，她跟我說她近來的一些發現。她的寶寶到了十個月大，仍然不太有站的意願，帶去親子館玩，偶爾看到身形大小與自己孩子相仿、但已經會站或幾乎會走的孩子，心裡就開始著急，擔心孩子是不是哪裡有狀況，或是自己在照顧上沒有好好幫助孩子的發展。

有一天，她忍不住碎念了寶寶：「不要偷懶，快練習站啊！」講完，琳就被這句話嚇到了。她說，她變得像她媽媽一樣了。想要孩子好，卻把這樣的焦慮放在對孩子的言語上。雖然孩子可能還聽不懂，但琳想了很多，突然懂了她對自己的自我要求，一不小心是會放在孩子身上的，如果沒有好好意識到的話，就會變成對孩子的情緒了。

同時，她也忍不住想到自己的母親：「我的媽媽到底是怎麼了，為什麼她總是需要把期待放在我身上呢？」我對琳說：「當妳開始思考了，那會比別人告訴妳媽媽是怎樣的人，來得更深入，因為是由妳的感受出發的。」琳對於自己的探索還沒完，但這是她成為母親的路上，練習區分「我的父母—我—我的孩子」的開始，這包含兩個重要的思考：

1. 父母給我的影響是什麼？什麼是我想留下的、什麼是我想改變或捨棄的？
2. 在這些影響中，什麼是經由我帶給孩子的？

在孩子還小的時候，我們自己的價值觀與期待，還不太會放在孩子身上，等到孩子逐漸長大，明顯有了自己的愛好與喜怒哀樂時，去區分自己與孩子彼此是獨立的個體，就會越來越重要。

離乳的感受

離乳，也就是所謂的斷奶，有幾種定義。較為困難的就是戒母乳，特別是親餵媽媽；而斷奶也有另外一種含義，就是讓寶寶在四到六個月大開始，逐漸從以奶類為主的飲食，透過增加副食品的方式，變成以奶類為輔的飲食。而讓媽媽會比較有感的是戒母乳，因此這會是我們接下來關於離乳討論的內容。

哺餵母乳的媽媽，想嘗試離乳的時間會有自己的考量，可能是因為工作、因為生理因素、因為再度懷孕等等。首先我們要做的，就是明白每個媽媽都不一樣，每個人想離乳的時間點都不一樣，不需要有比較或是對錯的判斷。難以做抉擇時，婦產科醫師、小兒科醫師、母乳顧問與心理師，都會是妳的夥伴。

有關離乳的方式建議採漸進式，一方面讓乳房可以不要因為脹奶而產生不適，另一方面也讓寶寶有逐漸調適的時間。在離乳之後，一些媽媽會感受到情緒低落，稱為離乳後憂鬱（post-weaning depression）。離乳後的情緒衛教，其實並沒有被明顯推廣，所以部分離乳媽媽對於自己的情緒低落會感到不解。

離乳後憂鬱與生理因素、心理因素有關。在生理因素方面，離乳後的情緒波動可能跟催產素與泌乳激素的下降有關。而在心理層面，離乳對於孩子來說是一個長大的過程，表示慢慢脫離了完全依賴母親的狀態。而母親在伴隨寶寶長大的過程，心裡的感覺是複雜的。一方面希望孩子長大，另一方面又會捨不得離開母嬰之間親密的感覺，因此在離乳之後會有一些失落，是正常的心理反應。慢慢的，我們會看到孩子不同面向的可愛，以及身為母親的我們用其他方式和孩子相愛，失落的感覺就會逐漸被平復。

在陪伴孩子的路上，我們一邊承擔著自己的失落、疑惑與不安，一邊看到孩子的成長，於是我們明白了這就是成為母親路上心裡的風景。

心理師給妳的小紙條

- 妳在成為媽媽之前，都是妳自己；成為媽媽之後，有一部分更新了、增能了。但妳自己沒有完全不見，也不應該完全不見。
- 面對產後情緒障礙，應該重視的是產後媽媽的整體生命經驗，而不僅僅認為是生理因素所致。
- 不論妳是全職媽媽或職業媽媽，妳對孩子的愛都是獨一無二的。
- 和寶寶的一開始很難，怎麼可能不難呢？他是一個全新的生命，曾經與自己緊緊相連，卻又如此不同。給寶寶一些時間認識這個世界，也給自己一些時間認識寶寶，還有妳自己。
- 妳、伴侶與寶寶，串連起來變成家庭的形狀。你們各是頂點，也各是相連起來的力量。
- 請翻到媽媽心語手冊，和自己聊聊天。

1. 世界衛生組織對於母乳好處的說明可見：https://www.who.int/health-topics/breastfeeding#tab=tab_1
2. 育嬰留停的相關規定（二〇二二年版）
   - 考量雇主有人力調配需求，必須於「十日前」以書面向雇主提出申請，讓雇主有時間進行因應。
   - 二〇二二年一月通過修法，刪除原本父母雙方只能一人申請的規定，如果父母雙方同時有照顧小孩的需求，可以同時申請育嬰假。
   - 原本育嬰留職停薪津貼為前六個月平均月投保薪資的六〇％計算，最長可領六個月。二〇二一年七月起，除原先「育嬰留職停薪津貼」外，另再發二〇％的「育嬰留職停薪薪資補助」，合計後為平均月投保薪資的八〇％。
3. Barry ES. What Is "Normal" Infant Sleep? Why We Still Do Not Know. *Psychological* Reports. 2021;124(2): 651-692.
4. Pennestri MH, Laganière C, Bouvette-Turcot AA, Pokhvisneva I, Steiner M, Meaney MJ, Gaudreau H; Mavan Research Team. Uninterrupted Infant Sleep, Development, and Maternal Mood. *Pediatrics*. 2018 Dec;142(6): e20174330.
5. 12 Signs Your Baby is High Need，https://www.askdrsears.com/topics/health-concerns/fussy-baby/high-need-baby/12-features-high-need-baby/
6. 台北市政府社區心理衛生中心網站中有愛丁堡產後憂鬱量表線上版，網址：https://reurl.cc/AK2oMY
7. 克莉絲汀・聶夫為自我關懷研究領域的先驅，發展出自我關懷量表（https://self-compassion.org/self-compassion-test/），亦有正念自我關懷培訓計畫（Mindful Self-Compassion，MSC）。在她的著作中有介紹MSC的相關發現。近期著作是《女人，你該好好愛自己：透過勇敢的自我關懷，活出有力量的豐盛人生》（遠流出版）。

CHAPTER 7

是伴侶也是隊友

有了孩子的我們該怎麼相處？

Yes, I do.

——結婚誓詞

為什麼婚後的他變了？

「那些婚前的承諾彷彿還在眼前，但真正在我眼前的，是我們剛爭執完的冷漠空氣。」「婚前他口口聲聲說不會讓我被他爸媽影響，結果婚後我才知道他爸媽的價值觀早就內化在他骨子裡。」結婚的意義到底是什麼？相信很多人都很難說得完整，或是會說「如果早知如此就不要結婚了」。其實，當我們會對結婚的意義有疑問時，也就代表婚姻中的一些負面情緒我們已消化不了，對於對方或彼此，是有很多困惑、怨懟甚至是憤怒的。

人性中，對「不變」是有渴望的，不變的背後代表安定、習慣、如常；不變，讓我們可以感受到控制感——我們可以預測其他人事物的軌跡，然後知道要以什麼樣的態度去面對，或是採取什麼樣的行動來應對。

然而生活的本質蘊含著不停的變動，重要的是我們不能壓制住這世界上所有人事物的變動，因為就連我們自己的「現在」也都和「過去」不同，變動是個必然的現象。因此，重要的是我們對於變動的定義與心態，包含對於世界、對於自己，以及對於親密關係中的變化。

我們的生活涵蓋了工作、家庭以及朋友，和每一個生活環節的互動、訊息的交換，都有可能微調著我們。例如工作場域的文化，久而久之會影響到我們的行事風格以及對人的看法。婚姻中的彼此，其實在想法上都會隨著時間而有所變化。我們要知道彼此都會變，也要在變的過程中知道彼此的改變是什麼。當然，這需要的就是相處與對話，我們**可以透過相處來了解現在的彼此，而不是一直拿過去的對方來和現在做對照。**

很多時候同住一個屋簷下的人，反而是最陌生的。因為我們很有可能把大部分的時間放在工作場域，或是與孩子相處上，夫妻彼此談話的時間則被放在最後，甚至被認為是不重要的，這幾乎就是造成互相不理解的開始。我們彷彿都在守護著這個家，但也好像沒真正照顧這個家的根本，因為**家的開始，是伴侶之間的連結**。

我在伴侶諮商的過程中，在諮商初期需要了解伴侶彼此熟悉的程度，我會請雙方各自在紙上寫下「對方昨天一天經歷的事件與心情」，然後彼此對照。這樣的練習通常可以讓雙方明白彼此之間的距離，或是雙方的理解程度有沒有對等，才能著手去思考與解決在關係中需要調整的部分。

這樣的練習有時會給前來諮商的伴侶不小的震撼：「原來我真的不知道他一整天過得如何欸！」所有的巨大都是從微小累積而成的。如同《原子習慣》一書所提到的，我們每天的所作所為，累積起來會有複利效應。當伴侶之間每天都能有一些時間可以對話，就能銜接上彼此生活中的變動以及感觸；反之，當伴侶每天都習慣冷漠以對時，累積起來的隔閡就非一日之寒了。

這個練習也會放在媽媽心語手冊裡，妳可以先自己完成，可以的話，和妳的伴侶一起討論。

關係的背後是兩個人的獨特

關係的開始，是你們兩個人的相互吸引。然而我們不可能只看到對方吸引自己的優點，而不顧這個人其他的特質，唯有盡量真正地認識對方在每個時期的全貌，並且認識自己，我們才能更清楚自己在伴侶關係中被哪些因素吸引，也才知道是哪些因素讓彼此的距離變遠。

心理諮商診間

郁麗和男友在學校相遇，交往多年後結婚，目前邁入婚姻第五年，有一個四歲的女兒。先生在女兒出生前，期待郁麗暫停工作專心育兒。郁麗在孩子出生後也希望能好好陪伴女兒，因此暫時辭掉工作成為全職媽媽。

隨著日積月累，兩人逐漸因為家務分工或小孩教養有不同意見，口角的頻率越來越高。郁麗覺得好好陪女兒一整天已經夠累，希望先生下班後能接手照顧孩子，好讓自己喘口氣。但先生下班後一進門，偶爾會抱怨家裡這麼亂怎麼不整理，或是會覺得自己已經很累了，無法接手照顧女兒。這樣的爭執累積起來，讓郁麗在婚姻裡感到不快樂。

郁麗：「心理師，我常有一種感覺，就是他覺得他賺錢最大，但是我也是可以有一份很不錯的工作啊，當時他希望我離職照顧女兒，當然我也是覺得這樣比較好，但他有想過我的感受嗎？我不是不能理解工作很辛苦，但實際上我覺得帶一整天孩子真的沒有比上班輕鬆。每次講起這個就要吵架，說我不能體諒他，然後我就更氣，那你有體諒我嗎？」

「對啊，這真的是很難的一件事，媽媽對於家庭的付出，不是求回報，但是希望被理解，並且希望是一起努力，互相支援。」我說

郁麗嘆了一口氣說：「是不是媽媽的心情，只有當媽媽的才能懂啊？」

「好像很多媽媽都有這種感覺。不過，郁麗妳有沒發現講到體諒，常常都是雙方在講一個狀況：『我覺得我有體諒到你，但你不覺得，然後你沒有體諒到

我。』」

「對啊，為什麼啊？」

「因為人在需要被體諒時，會是在一個自己的需要沒被滿足的感受之下，而在這樣的情緒之下，也沒有辦法騰出心力看到對方要的。而且啊，人性很容易進入一個『我是對的』的觀點，在不平的情緒之下，我們很難覺得『也許兩個人都沒錯』，就容易變成在爭對錯，希望對方放棄自己的觀點，然後認同我是對的。」

「所以我們兩個都在爭『我比較累』這件事。」

「是啊。如果彼此都認同對方的付出是辛苦的，沒有誰比較累的話，兩個人就有機會一起思考：雙方都是很累的狀況之下該怎麼照顧孩子與家務，然後就比較能想出方法來解決這個困境。」

這樣的情景，對很多有子女的家庭來說是很熟悉的。男主外女主內的樣貌，連結到傳統家庭似乎沒有違和感，然而在性別角色不再那麼壁壘分明的現代，主外主內可不需要用性別來做區分，但伴侶雙方的觀念是否都在類似的步伐上？很可能是沒有的。而觀念和步伐的不同，就會在各個選擇之下產生歧見。例如在家務分配上，就很有可能是歸在全職持家的一方。

伴侶雙方對於自組家庭的期待，會和自己在早期經驗中，所產生出對於家的需求有關。我們以郁麗的例子來看，倘若郁麗的先生在他的原生家庭中，認同了父親在外工作、母親照顧子女的家庭樣貌，這會成為他心中對於家庭的樣板，並將這樣的期待放在郁麗身上，因為他覺得這樣是好的、是對的，人們對於自己所認同的價值觀是不一定經過太多思辨的。而倘若郁麗在她自己的原生家庭經驗裡，看到母親因為傳統相夫教子觀念，使人生的選擇受到限制，她很有可能因為不想重複母親的失落，而更期待在婚姻中仍保有自我。當郁麗與先生步入婚姻時，兩人在婚姻中對於彼此在家庭角色的定位有一段不小的差距，去理解對方也就更困難了。

我們在婚姻前，如果有機會去理解彼此的獨特性，以及在兩個人是這麼不同的狀況之下，可能會有什麼結果，對於婚後的相處會很有幫助。然而，我們多數的狀況是婚後才開始真正的調適，或是又多看到對方自己過去沒有認知到的特質。

對於伴侶的個人特質與行動，首先要建立一種「理解而非批判」的角度去思考。婚前對方所吸引妳的特點，的確有可能在婚後成為引起爭執的點，例如婚前喜歡他對生活充滿了各種興趣，但婚後可能會覺得對方花了太多時間在個人興趣上而不是在家庭上，這些都是結婚前不一定能預想得到的。多數時候我們責怪對方的特質與行動，並不會解決眼前的問題，或是讓互動更順利。**唯有讓彼此的特質與需求都能夠在兩人的關係中被看見，才能產生真正的連結，在連結的基礎下，共同面對問題**。以上述的例子而言，與其批判對方都花時間在自己的興趣上，也可以把心力放在溝通上，表達期待對方能夠多參與家務的需求後，共同思考時間可以怎麼分配。

然而講到溝通，許多伴侶都會覺得與伴侶有溝通的困難，因此我們來談談溝通這件事。

溝通是怎麼一回事

「他都沒有在溝通的！」我們可能常聽別人這樣說他的伴侶，或是我們自己也這麼想自己的伴侶。但往往我在諮商室和個案討論溝通的定義時，會發現許多人對於溝通的定義其實是「達成共識」或是「認同」。《左傳》中提到「秋，吳城邗，溝通江淮」，意指使兩水相通，有相連和融會之意。在訊息處理上，溝通指的是雙方或多方意見的交換以及疏通。

意見能夠被交換的前提，需要的是表達與聆聽。因此溝通不等於達成共識，也不等於妥協或說服，達成共識、妥協、說服都只是溝通的目的之一。**溝通的定義在於兩個人的想法、情緒、價值觀與需求等，可以透過表達，讓彼此接收並理解**。接收與理解，也不等同於認同，而是一種「我聽到你怎麼想的，我也懂你為什麼會這麼想，但我的想法會和你不同。」因此，多數的伴侶不見得是沒有溝通，而是對於溝通的定義有所誤解，覺得沒有達成目的，就等同於溝通失敗或沒有溝通。

有許多因素會影響伴侶之間溝通的過程與結果，例如情緒處理方式、情緒表達的習慣、過去對於溝通的刻板印象、思考的彈性程度、當下生活的壓力總量，都會影響到溝通的品質。舉例來說，當伴侶雙方都從事高壓力的職業，時間與體力都被消耗得很多，到家後已經很缺乏情緒和腦力空間去聆聽彼此，就會影響溝通效果。或是其中一方在婚前習慣用壓抑或忽略的方式處理情緒，在婚後要與伴侶溝通時，就有可能用迴避溝通的方式來減少情緒對於內在的衝擊。所謂迴避溝通可能包含冷處理，或是對於自己的想法避而不答。

討論這些因素的主要目的在於，我們在面對與伴侶的溝通困難時，由於沉痾已久，常常會直接認定對方就是不想溝通，而這樣的認定也讓我們放棄溝通了。了解有哪些因素在影響溝通的效果，我們才有機會去處理真正的問題。

在伴侶諮商的過程，我幾乎在每一對夫妻身上都會看到一個現象，就是用一句「你之前還不是一樣？」作為某個爭端的延續。例如先生詢問妻子：「怎麼會把尖銳的東西放在孩子拿得到的地方呢？」妻子表達：「你自己還不是常常亂放東西？」於是就非常有可能越吵越兇。

這是什麼現象呢？面對指責，我們的第一個反應都會是「你認為是我的錯，但並不是我有意」。沒有人喜歡自己的無心之過被指責，因為很有可能是自己也沒辦法接受的無心之過。因此，我們被指責後所產生的感受，會有羞愧、焦慮或憤怒。羞愧於自己怎麼這麼不小心，對無心之過的後果感到焦慮，以及不被體恤的憤怒與難過。

因此，在這樣的情緒之下，我們會以「你可以接納你自己的錯，為什麼不能接納我的錯」的角度去表達感受；換言之，我們用了另一種指責，去指責對方的不接納，於是就讓指責不斷蔓延在所謂的溝通中。細細了解溝通中間到底發生了什麼事，才能撥開煙霧去看到問題的本質與彼此的心聲。

如果妳正在一段讓妳想逃開的伴侶關係裡，也許你們已經變得無聲了，雖然沉寂，卻也是讓彼此不用直接面對關係裡的問題，不溝通彷彿是一種能讓關係繼續下去的方式，要重新開口溝通些什麼，都是為難。在這種情況下，首要不是強逼自己或伴侶去溝通，而是我們可以先問問自己，**在現在的生活中、目前的關係中，我是自在的嗎？現在的平衡可以持續嗎？**如果答案是否定的，裝作沒事只會讓自己沉浸在慢性的痛苦中，那麼溝通對你們來說就會是重要的。

高特曼（John Gottman）是研究伴侶與婚姻關係的著名心理學家，他曾提出婚姻的四大破壞因子，包含對人而非對事的批評、鄙視、防衛以及冷淡。所謂的批評，是指針對對方這個人所提出的負向觀點，而非針對對方的觀點。鄙視則帶有一種位階高低，批判對方。防衛指的是在溝通過程中，總是想先證明自己沒有錯的態度，讓對話容易引導到誰對誰錯的方向。冷淡則是對於關係中相當有破壞性的冷暴力，讓溝通完全無法進行。

我們偶爾都會從自己和伴侶的對話中，看到這四個因子的模樣。而我們也都發現，很多時候傷害性的言語就是在憤怒或委屈等負面情緒之下所引發出來的，包含我們想要保護自己、發洩情緒，或是想要攻擊或反擊對方，因此在所有的溝通方法中，最重要的第一步就是**覺察並知曉自己在什麼樣的狀態**。

我們可以表達情緒，但需要「知道」自己正在表達情緒，也需要觀察自己表達情緒後，對方的回應方式是如何。這並不容易，因為所有的爭吵都是壓力情境，壓力容易導引出「戰或逃」（fight or flight）的快速反應。所謂「戰」是對於伴侶的言語迎頭直擊，而「逃」則是逃避面對強烈的負向氛圍。「戰或逃」的快速反應是人類面對壓力的生存本領，然而伴侶溝通不是戰爭，也不該讓它越來越像戰爭。因此我們要導入的是更多靜下心來的深思，而不是一直用把彼此當敵人的方式在處理。

各種觀念的差距

一句描述婚姻關係的話是這樣說的：「一張床上躺了六個人。」這句話是什麼意思呢？意思就是夫妻雙方都帶著自己和父母的關係，與對方互動，因此兩家共六個人。伴侶雙方長大的方式都不一樣，也有不同的家庭觀、金錢觀、感情觀、人生觀以及教養觀等。在相遇與戀愛的過程中，愛情中的浪漫與激情元素會影響著雙方在各種事物上的觀點，可能會和戀愛前的自己不同。這不是被愛沖昏了頭，而是情感與情緒本來就會影響我們的思考判斷。

伴侶在戀愛狀態感覺到彼此許多價值觀都很契合，但婚後就不一定了，原因在於伴侶雙方在婚後都會導入個別在原生家庭的價值觀。例如某一方覺得夫妻要一起產生財富的最大值，而另一方卻在從小到大的經驗中，覺得沒有任何事比真實相處更重要。因此在婚後，雙方很有可能才開始知道一些原先以為契合的觀點，其實還有需要磨合的地方。

會來進行伴侶諮商的夫妻，常出現的問題是金錢觀與教養觀的不同。當然，在一個家庭的相處中，各種因素會互相牽絆，金錢態度和教養觀念與家庭觀交互影響著。以郁麗的例子來說，先生對於男主外女主內的想法，很有可能就影響他的教養態度，認為孩子就是交由媽媽來教導，對於父職角色則傾向低涉入，或是威權式教養。[1]

當我們發現與伴侶之間在某個部分的觀念有差異，並且讓各自都產生困擾時，該怎麼辦呢？我們可以分成五個部分來思考：

針對眼前事件或觀念，我的想法是什麼？而我充分表達了嗎？

停下來思考，永遠是釐清自己與關係問題最重要的步驟。伴侶雙方在溝通或爭執的過程中，往往會出現「失焦」的狀況。我們可以看看下面的例子：

太太：「你不要一下班就坐在沙發上沒事一樣，沒看到家裡一團亂嗎？」

先生：「我才到家五分鐘欸，讓我坐一下會怎麼樣嗎？」

太太：「你每次都說坐一下，然後家事放在那邊，你覺得衣服是自己會洗好曬好嗎？最後還不都是我來弄！」

先生：「那妳可以放久一點啊，我就會去洗衣服了，為什麼妳要自己做又要嫌？」

太太：「如果你自動一點，我會需要一直在這邊碎念嗎？」

這個場景是不是有點既視感？這幾乎是很多伴侶都會出現的爭執，我們可以來好好解析一下這個對話的內容。首先，太太的想法是什麼？是希望先生下班後能自動自發幫忙做家事。而太太充分表達了嗎？可能在最後時有，那問題出在哪裡呢？當太太累積許久對於先生的失望，**表達出來的情緒掩蓋了背後的想法與期待**。每個人對於指責都是敏感的，當先生聽到的是「指責」而非「想法」時，回應給太太的也很有可能是對於指責的不滿或防衛。因此，負向情緒在兩人之間的傳遞，會影響溝通的有效性，個別的想法就無法好好地被對方聽見。

在這個例子中我們可以覺察到，情緒的堆疊會影響到雙方是否能充分地表達自己原來的想法，因此如何撥開情緒的影響會是重要的方向。

針對眼前事件或觀念，對方的想法是什麼？妳覺得他充分表達了嗎？

伴侶在日積月累的爭吵之下，雙方很難好好表達自己的想法，彼此在累積的情緒之下，也很難好好聽見對方所說的。不知道妳有沒有留意到一件事，就是當我們在想對方是怎麼想的時候，很容易具有概括性的標籤。從下面幾句例子就可以發現，「知道對方怎麼想的」和「替對方貼上就是如何如何的標籤」，有時只有一線之隔，但對於關係的影響卻有很大的不同。

- 反正我先生和他爸媽是一國的！
- 我太太就是不會看到別人優點的人！
- 她就什麼都要和錢扯上關係啊！
- 誰管她怎麼想啊，她有知道我怎麼想的嗎？

看到上面的敘述，其實我們可以知道，用概括性的方式定義對方，對於當下的問題不見得是有幫助的。除非我們對於對方的認識，可以幫助我們不隨情緒起舞時，才會有幫助，例如「他就是需要時間冷靜的人」。

當我們在思考伴侶針對眼前問題的想法時，很重要的一點是**先讓自己的情緒安穩下來，好好聆聽對方的言語並且思考**。然而，在聽見與了解對方的過程中，會受到很多因素影響而變得困難，包含對方的態度、自己是否擁有可以安頓情緒的時間與空間，以及還有沒有其他家人的影響等。

雙方都正確辨識了彼此的想法了嗎？如果沒有，那是為什麼？

● 小練習

回想一下最近妳與伴侶的爭執。

1. 請把事件仔細地寫下來。

2. 妳對於事件本身的態度與想法是什麼？

3. 對方對於事件本身的態度與想法是什麼？

4.

在事件的討論或爭執過程中，妳多了什麼和事件本身無關、但和討論過程有關的感受？（例如我覺得他根本沒有想要溝通／他聽不進去我講的話／他態度很兇／我害怕衝突）

上述的練習，我們做了事件本身與討論過程的區分，目的在於讓自己停下來，不要讓討論過程中的情緒，干擾了對事件本身我們對於對方的認識；也讓我們更清楚知道，在溝通的過程中，會有太多情緒交疊著而導致爭端。溝通所留下的負向感受，堆疊成我們對伴侶的標籤，而我們對於彼此的負向標籤，就持續在生活與溝通中發生影響力。

用一個比喻來說，很像是來來回回的擊球，對方力道越大，我們可能就會用更大的力道回擊，甚至會因為氣對方打球的方式，而不想要接球了，然後在來來回回的過程中，爭辯著原先的問題：你的態度不好、你為什麼說這樣傷人的話、是誰先開始的、上次你還不是一樣……。往往在一場溝通中，我們帶入太多失焦的話題，更增添了彼此的不滿與對於溝通的失望。

情緒的停與聽

前面三項都提到了穩住情緒的重要性，不論是聆聽對方或表達自己。然而有時最難的就是把情緒穩住。我用「停」與「聽」兩個部分來幫助大家怎麼在溝通時把情緒穩住。

第一個部分是「停」，當對方的話語讓我們很想要動怒或反駁時，記得在此時停下來，透過停頓的時間冷靜思考，想一下我們怎麼說可以正確表達自己的想法，而不隨對方的言語起舞。

第二個部分是「聽」，要聽什麼呢？聽自己在溝通時的內在語言、聽對方所說的話可能有哪些意思。我們用下面兩張圖，讓大家更理解「聆聽」。當我們有機會停一下時，可避免讓自己的快速反應決定對方一定是怎麼想的。以下圖來說，當我們聽到先生說：「小孩跌倒了，玩具要收好」時，我們可能會不開心，覺得先生為什麼不自己收？這時我們停下來，聽到心裡的聲音是：「他永遠覺得家務是我要做」。

這時，我們可以停頓一下，來想想先生的想法真的和自己內心所想是一樣的嗎？我們會需要在聆聽過程提醒自己：**不要用自己的內心來決定對方內心的聲音**。對方有沒有可能是其他想法呢？例如因為懊惱讓小孩跌倒了，正在自言自語提醒自己下次要收好玩具，或只是想要提醒彼此，但是措辭不夠婉轉。練習讓自己停一下、減少自動化的解讀、避免刻板印象的影響，能讓我們聽見自己內心想法的同時，也不窄化對方的心聲。

小孩剛剛跌倒了，
玩具要收好。
他永遠覺得
家務都該我做！

你有空講的話，
你怎麼不自己收？
我只是提醒彼此
兩個人都可以收啊！

雙方都正確辨識彼此的想法後，有找出方法來因應這個差異了嗎？

從前面的小練習中，我們可以了解到溝通的過程如果可以更靜下心來區分，得到的結果就會不一樣。然而在伴侶關係中還是會遇到一個問題：「如果我們都知道對方怎麼想的了，但目前面對的差異就是很大，該怎麼辦？」

舉例來說，以教養觀的差異而言，倘若一方期待孩子進入全美語幼兒園，因為覺得外語的熟練是所有知識中最重要的；另一方則期待孩子進入有更多生活探索的自然教育體系，因為希望從各種有趣的體驗，培養出孩子對於這個世界的興趣。

在這樣的狀況之下可以問自己：「我們有一起找出方法來因應嗎？」我們常常認為要討論出共識，可能就會進入「二選一」的抉擇，不是依照你的方式，就是依照我的方式。上述選擇幼兒園的例子也許可以二選一，但有許多問題是無法用二選一的方式解決的，例如用錢的方式、與雙方長輩互動的方式等，都不是二選一的解法。因此所謂因應，不一定是找出正確答案，我們可以從兩個方向來看待差異：

減少差異的影響

以上述幼兒園選擇的例子，在處理上也許不一定是要選擇你的還是我的，而是從初衷出發：如果選擇了全美語幼兒園，要怎麼在家庭教育中帶入更多生活探索？如果選擇了自然教育體系，在生活中要怎麼把語言教育融入？這樣的思考就是一種異中求同、跳脫框架，讓更多行動方案去回應彼此的需求與期待。

看到這個差異以外的彼此

有時當伴侶之間在某個觀念上的差異極大時，很容易讓這個差異形成了對於彼此整體的感覺，例如「你看連孩子的教育他都還在講誰來接送，他真的就是一個只顧自己的人」。讓彼此在溝通辨識的過程中，時時提醒自己去看見對方的整體，當然，也要讓自己的整體被對方看見。「我雖然在英文教育這塊和你的想法不同，但不代表我其他的部分跟你意見相左」。也許這並不是標準的「問題解決方式」，但會是在關係的維持中很重要的元素，能讓我們不要掉入以偏概全的認知陷阱。

此外，伴侶之間也需要練習記住，生活中對彼此的理解、體會與包容，那會是親密關係中很重要的維持因素與保護因素，畢竟在柴米油鹽中，我們容易記得待辦事項與未解事務，而遺忘了那些珍貴的互相。

知識分享

負面思考的來源

在心理治療領域中，認知行為治療是一個很重要的學派。其基本概念是：不是外在事件影響我們的情緒，而是我們對於外在事件的解讀，決定了情緒。當我們陷入負面思考模式時，就會是負面情緒的來源。以偏概全就是一種負面思考模式，所謂以偏概全就是以某部分取代對於整體的判斷。例如「我數學不好，真是一個笨蛋」或「你連個我交代的事都辦不好，我要怎麼信任你？」

隨時聆聽自己內心的聲音，用理性不偏頗的想法取代負面思考，是避免讓思考陷阱來干擾情緒的方法。

離婚等於失敗？

「勸和不勸離」，這句話意味著，在一起總是比分開好。「這樣家才完整」、「怕分開後老了沒人照顧」、「離了婚的女人都比較吃虧」、「你們要為了孩子著想，不要讓孩子變單親」、「你之後後悔就回不去了」。當動起離婚念頭時，周圍的親友與自己的心裡都可能會有這些聲音，覺得自己是不是不能夠忍受、覺得自己是不是自私沒有考慮到孩子，或是覺得自己只是跟情緒過不去。

會動起離開婚姻的念頭，象徵著婚姻中有難解的點，也象徵著我們想要尋求一個比現狀更好或不要更糟的抉擇。但因為有許多未知存在，我們害怕後悔、害怕傷害了所愛的人。

如果妳正在經歷要不要離婚的思考，請先讓自己知道：妳會猶豫不決，也沒有一定要果決——即使妳的狀況讓周圍出現許多勸離的建議。尤其當婚姻走了一段很長的時間時，那已經是生命中的一部分了，而不僅僅是一段關係；離開了婚姻，也象徵著我們要脫離生活中慣性的軌道，切割生命中很重要的一部分。

由於每個人性格特質不同，面對變動的擔憂程度也不一樣。例如對於生活穩定感需求較高的人，會更容易迴避變動。因此，面對婚姻去留的徬徨無助或害怕改變的程度，都有個人化的原因。用接納理解取代催促，有機會接住那些抉擇背後的心理困境。讓自己知道，這些情緒都需要時間釐清，所有的決定都需要時間，沒有絕對的時間表。

回到思考與心態，在面對重大決定時，人類生存的本能，會先想到負向的後果，讓自己能趨吉避凶。但我們可以思考一個問題，我們在面對不同決定的思考方向時，會不會有個自動化的慣性是自己沒覺察到的呢？也就是大家認為的喜事，我們自然而然會想到很多好處；而大家認為的憾事，我們就習慣往負向去思考。

結婚是一個重大的抉擇，但我們對於結婚後的生活，正向的想像容易多於負向（所以我們才會結婚），然而婚姻裡的調適真的不容易，困難度也很可能不亞於離婚後的生活。因此，練習看到事情的不同層面是很重要的，就像看到月亮的光明面時想到另一側的陰暗面。不論結婚或離婚，我們都要靜下心來，不被既定思維與慣性思考限制，**結婚不等同於永恆，離婚也不等同於失敗**，而是需要看清楚自己的困難點與需求。

這個社會對於性別有許多刻板印象，不論是熟齡未婚或中年離婚，都容易加諸一些負面印象在女性身上。試想，從出生到求學到工作，我們花了許多時間在了解自己是誰，以及讓自己準備成為什麼樣的人。然而面對婚姻抉擇，社會看待女性的方式變得扁平，似乎僅以是否有另一半或生育年齡來看待女性。有時我們會聽到一個說法：「有了另一半讓我們得以完整。」我想要修改一下這句話：「和伴侶之間，讓我們感受到愛人與被愛，這樣的互動讓我們完整。」一個人的完整並非要透過另一個人來進行，而是透過互動讓我們可以滿足愛與被愛的需求；換言之，當親密關係讓我們在愛與被愛都感到疲憊不堪時，那反而是對自我的一種消耗。

要擺脫這些既定印象給自己的影響並不容易，但我們需要這樣做。**當我們在思考婚姻去留時，需要聚焦在「自己是誰」和「所需要的親密關係為何」這兩個部分**，釐清伴侶關係中的問題與差異、彼此能夠調整的幅度，以及自己能夠獨立於關係之外的心理與生活能力。把視角離開眾人的眼光，因為他人的眼光並不會讓妳的調適更好。

心理師我有疑問

離婚會不會給孩子不完整的家庭？

這幾乎是每個有孩子的父母對婚姻去留的難題。不過由於每個婚姻中的難題都不一樣，很難一概而論。例如孩子和對方的關係好不好、對於孩子教育支出的負擔等，都會需要考量。在此我們可以一起進行兩部分的思考：

✔ 什麼是完整？

我們很容易想到，對孩子來說，父母同在的童年才會被足夠的愛包覆著，單親就是缺了一角。當我們想到完整時，可以思考一下，對孩子來說，什麼叫作完整？如果父母之間的相處融洽，給予孩子的愛就比較不會因為伴侶關係而折損，父母之間可以搭配，當一方疲累時可以接手協助來陪伴孩子，可避免過大的負面情緒對孩子的影響。

然而，當關係對彼此來說已經是受傷的，甚至常有激烈爭吵、冷戰、忽視，也會因此影響到孩子的情緒與成長。這時必須好好思考，所謂的完整，真的是「完整」嗎？孩子還小時，會很難接受父母任何一方的離開，然而在爭執不斷的伴侶關係中，對孩子的安全感與情緒穩定度都會有負面影響。

✔ 我有沒有把自己的需求，重疊在孩子身上呢？

有時候我們會把兩種感受疊加在一起，那就是「孩子離不開爸爸（或媽媽）」以及「我自己離不開這段關係」，這兩種感受很可能同時存在而很難區分。釐清是我們自己的需求，還是孩子的需求，或是都有，能幫助自己把思緒整理得更清晰。

有許多孩子聽過爸爸或媽媽對他們說：「都是為了你，我才沒有和你爸爸（媽媽）離婚。」這樣的話語對孩子是有影響的，有的孩子會把這樣的想法內化成自己的一部分，因此產生了本不屬於他的負罪感，覺得是自己影響了爸爸或媽媽的快樂。站在孩子的位置來考量是非常重要的，但那不等同於讓孩子替婚姻的去留負責。因此，好好地認識自己的需求，並和孩子的需求作區辨是很重要的。

親密關係存摺

「上一次和伴侶擁抱是什麼時候呢？」隨著在一起或婚姻時間的增加，兩人之間的親密度常會隨之降低。二〇一八年的一個研究，連續十四天訪談了四百零四位成人，看他們晚上和伴侶發生衝突與爭執後，是否有擁抱對心情狀態的影響。研究發現，在和伴侶有衝突的這群人中，有擁抱的人第二天的負面情緒比沒有擁抱的人低。[2]

在伴侶關係與婚姻中，爭執與不愉快無法避免，但我們可以加入幫助維持關係的元素。這就彷彿是我們在用錢與存錢，有時會有急需用錢的時候，如果平常有存錢的習慣，就不會讓自己的戶頭因為緊急需求而提領光。親密關係也是如此，如果我們能讓關係在平常有多一些正向的「存款」，就不會讓兩人之間的連結感因為各種爭執與差異而被消耗殆盡。以下分享一些增加親密關係存款的方法：

把伴侶相處時間放入行程

現代人的行事曆一攤開，多是以工作為主，並且納入家庭行程，那麼伴侶的相處時間呢？往往生活中的行程一擠壓，我們可能連個人休息時間都不夠了，慢慢地就把伴侶相處的時間放到最後，也就覺得反正每天全家都在一起，也不用特別安排和伴侶的相處時間了。但就是因為如此，我們才要刻意把伴侶時間放入行程，一週一次、一個月一次都好，不論是小孩睡了或伴侶雙方刻意排出休假，讓雙方暫時揮別父母角色，回到伴侶相處的關係，約會、吃飯、看電影都好，能替兩人的情感連結升溫。

記得對方的好

我有一位女性友人，偶爾會提及先生的優點，這在姐妹群中真的很難得，因為閨蜜聚會時總容易談起伴侶的缺點。但這個朋友提醒了我，每個人都會有缺點，自己的伴侶也是，而當我們懸在心上的總是對方的缺點與不足時，注意力自然不會放在對方的優點與付出上。

高特曼以著名的心理學理論「蔡格尼克效應」（Zeigarnik Effect）來說明這樣的情形：人們習慣記得未完成的事情，但會忽略已經完成的事情。因此在伴侶關係上，一些未經處理的負向互動與情緒，就會被牢記，並成為破壞關係的因素。如果有伴侶要進行婚前諮詢，這是我一定會和伴侶討論的一塊。因為往往在伴侶關係僵化到一定程度時，也較難有正向的互動可以將彼此放在心上了。**隨時提醒自己，要看到自己的全貌以及伴侶的全貌，你們都是立體的。**

盡量每天都能聊聊彼此

有了孩子的家庭，難免慢慢會變成每天的話題只剩下孩子。孩子的生活、孩子的課業、孩子的行為與情緒……。把父母的角色擔任好已經非常不容易了，兩人各自可能還有職涯挑戰，以及自己的雙親需要照顧，又要花心力經營婚姻關係，對現代上班族父母來說，其實很難兼顧。我們想到關係需要「經營」，好像感覺又沉重了一些，但其實每天都能說說自己和聽聽對方，就是一個不費力的連結方式。通勤的時間、午休的時間，傳訊息問候對方也說說自己，讓關心可以不斷線。

正確使用幽默讓關係加溫

正確的幽默，能讓關係因為共享的正向情緒而更緊密。但什麼是正確的幽默呢？國外有許多關於幽默與親密關係的研究，在國內，中央研究院民族學研究所研究員曾針對大台北區三百九十對夫妻進行訪問，結果發現幽默的使用動機，可以分為利關係、利己或利他三種。研究發現，夫妻間的幽默運用如果是為了維繫或促進彼此的關係，確實能提升夫妻的婚姻滿意；不過，如果幽默是為了利他或利己，對於婚姻的滿意度則沒有顯著影響。[3]。因此，用挖苦或取笑對方當作幽默，並不能使關係更好，甚至可能讓對方感受更差。那麼什麼樣的幽默有利於關係呢？舉例來說：

妻子：「我覺得我們最近越來越少溝通了。」
先生：「嗯……好像真的比較少說話，還好我都能心電感應知道妳在想什麼。」
（語言中增加兩人的連結感）
妻子：「最好是！那我現在在想什麼！」
先生：「妳在想：我看你要鬼扯到什麼時候！」

這樣幽默的自嘲，有別於被動攻擊的自貶，仍聚焦在對方的需求上。當然，幽默的使用，不代表接下來兩個人可以持續不溝通，而是先讓兩人可以比較輕鬆去面對彼此，讓溝通與連結得以持續。

做一個懂得讓自己開心的人

能讓自己開心，更進一步來說，是不把自己快樂的期待，通通放在親密關係上。懂得滿足自己的需要以及找到讓自己快樂的方式，是在親密關係緊張時很重要的緩衝。先讓注意力暫離，回到自己的情緒調適上，再回頭處理爭執，反而有機會讓問題能不被情緒掩蓋。當我們過度把快樂的期待放在親密關係上時，會膠著在一定要把爭執處理完才行，這反而會增加雙方的情緒負荷。進一步來說，**當兩個人都能有讓自己快樂的能力，並且分享快樂給彼此時**，**這份共享就創造了更正向的連結**。

和伴侶的相處，雖然只是本書的一章，卻是人生重要的篇幅。不論它多具重要性，**都別忘了從自己出發**，這也是這本書重要的脈絡，知道自己為何說出Yes, I Do的誓詞，也知道可以從哪些方面努力，構築出屬於彼此的婚姻故事。

心理師給妳的小紙條

- 人從家開始，而家是兩個人的結合延伸，伴侶雙方都被過去的經驗形塑。我們需要先認識自己，才能透過互動對於對方有正確的認識。
- 這本書都在練習覺察自己的情緒與需求，這個功課不會停止，先別覺得沉重，因為覺察並留意情緒的影響，真的會讓親密關係更好。
- 在關係中，妳認為的小事可能是對方認為的大事，因為問題不在於事件本身，而是事件所引發的感受是每個人都不同的。先不急著用妳的標準去區分對方的訴求是大事還是小事，讓我們先尊重對方的感受是有他的原因的。
- 不論妳是單身、已婚、育兒或想離開婚姻，即使眼前有各種現實，不要停止想像妳想成為的樣子，不要停止給自己快樂。

1. 在教養風格上，根據鮑姆林德（Diana Baumrind）的研究，加上麥柯畢（Eleanor Maccoby）和馬汀（John Martin）的調整，可依情感回應與行為要求兩個面向，區分成四種教養風格：

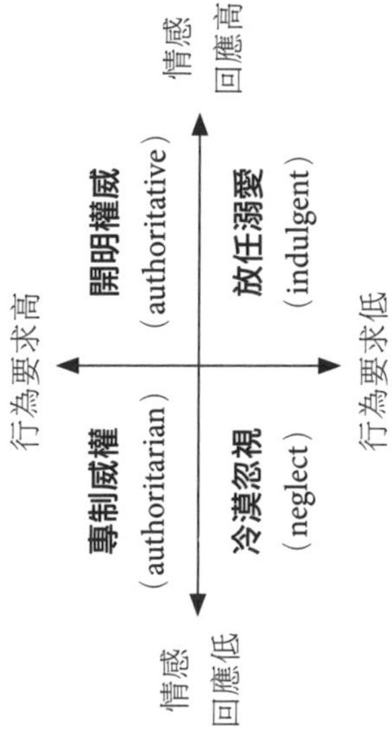

2. Michael L. M. Murphy, Denise Janicki-Deverts, Sheldon Cohen. (2018). Receiving a hug is associated with the attenuation of negative mood that occurs on days with interpersonal conflict. *PLoS One*. 13(10): e0203522.

3. 周玉慧（2018）。〈夫妻互動的社會心理研究——以幽默為例〉，《中研院訊》，https://newsletter.sinica.edu.tw/13802/。

EPILOGUE

後記

我們從女人，走到妻子與母親，看似就這麼一路過來了，甚至有點忘了是怎麼走到今天的。如果看完這本書，有任何觸動妳的地方，那絕對是因為妳走過的痕跡很深刻，於是我們恍然大悟，有時就只是被理解，就可以讓我們再更有韌性一點。

生活中的困惑自然還是會存在，但我們學會了和困惑共處，學會了跳脫框架不求單一解方，最重要的是，我們讀著滿滿的自己。

詩人辛波絲卡（Wisawa Szymborska）在〈三個最奇怪的詞〉中寫到：“When I pronounce the word Nothing, I make something no non-being can hold.” 意思是當我說出「無」這個詞時，我在無中生有。

在成為母親的這條路上，我們也許很難找到自己，然而當我們在說出「我」時，我就正在望向自己。

國家圖書館出版品預行編目 (CIP) 資料

從女人,成為媽媽 : 孕前到產後的心理照顧課/曾心怡著. --
初版. -- 臺北市 : 遠流出版事業股份有限公司, 2022.11
面； 公分

ISBN 978-957-32-9776-5(平裝)

1.CST: 女性心理學 2.CST: 懷孕 3.CST: 育兒

173.31　　111014839

從女人，成為媽媽：

孕前到產後的心理照顧課

作　　者／曾心怡
主　　編／周明怡
美術設計／卷里工作室
內頁排版／菩薩蠻電腦科技有限公司

發 行 人／王榮文
出版發行／遠流出版事業股份有限公司
104005 台北市中山北路一段 11 號 13 樓
郵　　撥／ 0189456-1
電　　話／ (02)2571-0297　傳真／ (02)2571-0197
著作權顧問／蕭雄淋律師

2022 年 11 月 1 日 初版一刷
售價新臺幣 380 元（缺頁或破損的書，請寄回更換）

ylib 遠流博識網 http://www.ylib.com e-mail: ylib@ylib.com